So muss Suppe schmecken

Vava Berry
Fotos von Yuki Sagiura

Bassermann Inspiration

Inhalt

PEPSI-COLA

Einleitung

Suppe vermittelt Geborgenheit und weckt schöne Kindheitserinnerungen. Ich bin in Frankreich aufgewachsen, wo bei meinen Großeltern allabendlich Suppe und Käse auf dem Tisch standen. Wenn sie ihre Freunde aufforderten: „Venez manger la soupe" (Kommt eine Suppe essen), meinten sie eigentlich: „Kommt zum Abendessen". Der Suppenteller verließ den Tisch dabei den ganzen Abend nicht. Wir wischten ihn einfach mit einem Stück Brot sauber, drehten ihn um und aßen den Käse von der Rückseite.

Manche Kinder riechen beim Aufwachen den Duft von frischem Kaffee. Bei mir waren es langsam geschmorte Zwiebeln und Porree oder Ochsenschwanzsuppe, die schon frühmorgens aufgesetzt wurde. Zu einer meiner schönsten kulinarischen Erinnerungen wurde die französische gratinierte Zwiebelsuppe „soupe à l'oignon gratinée", die vor Jahren einmal eine Freundin für mich kochte. Sie bereitete sie mit drei verschiedenen Zwiebelsorten zu, die sie bei geringer Hitze eine Stunde schmorte. Anschließend goss sie eine Brühe an, die zuvor bereits fünf Stunden geköchelt hatte. Die Brotscheiben röstete sie am offenen Feuer, bevor sie sie mit Käse belegte. Unter dem Backofengrill wurde der Käse schließlich goldgelb gratiniert. Der leicht rauchige Geschmack des Brotes verlieh der Suppe eine weitere kulinarische Dimension. Es war himmlisch!

Jedes Land hat seine Suppentradition. In China reicht man zum Essen eine klare Suppe, die wie ein Getränk serviert wird. In Marokko wird am Ramadan zum Fastenbrechen jeden Abend Harira getrunken, eine nahrhafte Suppe aus Lammfleisch, Linsen und Kichererbsen. Und Hühnersuppe, die in den USA auch als Jewish Penicillin (jüdisches Penizillin) bezeichnet wird, gilt in vielen Kulturen als Heilmittel gegen Erkältung.

Suppe kann auch der Resteverwertung dienen. Übrig gebliebenes Essen oder leicht verwelktes Gemüse verleiht einer Suppe mehr Nährwert, mehr Geschmack und zusätzlichen Biss. In einigen meiner Rezepte finden Sie dazu tolle Tipps.

Ich habe die Rezepte in diesem Buch danach geordnet, wann und wozu man sie verwenden kann. Es werden Suppen vorgestellt, die den Mittelpunkt eines festlichen Abendessens bilden, Suppen für die Mittagspause, pfiffige Ideen für den kleinen Geldbeutel oder auch Suppen, die innerhalb von 10 Minuten auf dem Tisch stehen.

Lassen Sie sich auch inspirieren und machen Sie sich mit meinen Rezepten das Leben leichter!

Vava

Noch Fragen?

Was ist das Geheimnis einer guten Suppe?
Die Brühe selbstverständlich! Am Ende des Buches stelle ich Ihnen daher einige Grundrezepte für Brühen vor, inklusive drei verschiedener Gemüsebrühen. Vegetarier werden sich freuen, denn sie finden hier geschmackliche Variationen bei den Gemüsesuppen. Manchmal bewahre ich die Schalen und Abschnitte der Suppenzutaten auf und koche daraus eine schmackhafte Brühe. So wird nichts verschwendet. Zudem erhält jede Brühe dadurch ihre eigene Identität.

Die Herstellung einer Brühe ist zeitaufwendig. Daher frage ich jedes Mal, wenn ich beim Metzger einkaufe, nach Knochen und friere sie ein. Sobald ich genügend Knochen beisammen habe, koche ich daraus eine Brühe. Dasselbe gilt für Karkassen von Brathähnchen oder für Fleischabschnitte – sie alle können für eine Brühe verwendet werden. Auch Fischbrühen lassen sich sehr preisgünstig herstellen, da die meisten Fischhändler Ihnen Fischköpfe und -gräten gerne kostenlos überlassen. Lassen Sie eine Fischbrühe allerdings nie zu lange köcheln, da sich der frische Geschmack ansonsten verliert.

Warum variieren die Angaben für die Portionen?
Beginnt das Menü mit Suppe, berechnet man als Portion etwa 350 ml. Da manche Suppen allerdings sättigender sind als andere, sind für solche 250 ml ausreichend. Von einer kalten Suppe isst man meist weniger, daher habe ich hier pro Portion 250 ml festgelegt. Eine Tapas-Portion misst bei mir etwa 100 ml.

Kann man eine gute Suppe wirklich innerhalb von 15 Minuten zubereiten?
Zugegeben, das ist eine Herausforderung! Im Allgemeinen nimmt die Zubereitung einer Suppe etwas Zeit in Anspruch und man muss kreativ sein, um das Aroma auch in kürzerer Zeit zu intensivieren. Mein Lieblingsrezept ist hierbei das Rucolacremesüppchen mit Ziegenmilch (siehe Seite 22), das tatsächlich in nur 10 Minuten zubereitet ist und trotzdem erstaunlich viel Aroma besitzt. Das Kapitel „Im Nu gezaubert“ richtet sich nicht nur an Menschen, die wenig Zeit zum Kochen haben, sondern auch an diejenigen, die davon überzeugt sind, nicht kochen zu können. Die Rezepte sind so kinderleicht auszuführen, dass Sie Ihre Berührungsängste hoffentlich ablegen und sich an den Herd trauen!

Was halten Sie von fertig gekauften Brühen und Brühwürfeln?
Fertigprodukte sind praktisch, und ich setze sie im Kapitel „Im Nu gezaubert“ teilweise ein, um den Geschmack zu verstärken. Dabei bevorzuge ich Bio-Brühwürfel mit geringem Salzgehalt. Eine Brühe lässt sich allerdings auch aufpeppen, indem man eine Hühnerkarkasse, Gemüseschalen oder Kräuter mitkocht.

Kann man wirklich aus jeder Zutat eine Suppe herstellen?
Ja, tatsächlich aus fast jeder. Manchmal entstehen die besten Suppen aus Essensresten aus dem Kühlschrank. Bedenken Sie aber, dass zu viele Zutaten sich in einer Suppe ähnlich negativ auswirken können wie zu viele Köche beim Breikochen. Ausschlaggebend für eine gute Suppe sind hochwertige Zutaten. Das gilt zwar für das Kochen im Allgemeinen, bei Suppen ist es allerdings ganz besonders wichtig. Denn hier werden die Aromen der Zutaten durch Wasser oder Brühe verdünnt. Ich habe einmal in großer Eile einige Karotten bei einem Gemüsehändler auf meinem Weg nach Hause gekauft. Die Suppe, die ich aus diesen Karotten kochte, schmeckte äußerst fad. Also kaufte ich woanders neue Karotten und startete einen weiteren Versuch. Diese Suppe schmeckte gut. Bei geschmacklosen, wässrigen Zutaten wird auch die Suppe nicht besser.

Wie kann man erkennen, ob Gemüse, beispielsweise eine Karotte, Geschmack hat oder nicht?
Schwierig, denn in Folie verpackte Karotten aus dem Supermarkt kann man nicht probieren. Allerdings sind die Intensität der Farbe, eine makellose Schale und ein intensiver Duft gute Indikatoren für eine hohe Qualität. Das Gewicht kann ebenfalls Aufschluss über die Qualität geben: Blumenkohl und

Weißkohl beispielsweise sollten sich schwer und kompakt anfühlen. Zucchini sollten glänzen. Und Zwiebeln oder Knoblauchknollen sollten sehr fest sein.

Sie braten oder backen die Zutaten oft, bevor Sie sie in der Suppe köcheln. Ist das wichtig?
Ob Sie Gemüsestücke in Wasser kochen oder sie zunächst 10 Minuten in etwas Öl dünsten oder backen und anschließend in Wasser köcheln, führt zu zwei vollkommen unterschiedlichen Ergebnissen. Man sollte es wirklich einmal selbst ausprobieren, um die Vorgänge zu verstehen. Beim Dünsten oder Backen kommt der Geschmack der Zutaten erst richtig zum Vorschein. Zudem salze ich das Gemüse während des Bratens oder Backens, weil das Aroma auf diese Weise intensiver wird.

Warum widmen Sie kalten Suppen ein ganzes Kapitel?
Im Sommer ist eine kalte Suppe wundervoll. Auch für Picknicks sind sie ideal. Ich liebe sie zudem als kleine Tapas vor dem Menü oder zum Neutralisieren der Geschmacksnerven zwischen den Gängen. Fans von heißen Suppen können einige der Suppen auch problemlos erhitzt genießen.

Gehen beim langen Kochen nicht alle Nährstoffe verloren?
Im Gegenteil, alle Nährstoffe gehen direkt in die Brühe und bleiben dort. Suppen sind auch gut für eine Diät geeignet, sie müssen nur sparsam mit dem Salz umgehen. Suppen ermöglichen eine abwechslungsreiche fettarme Ernährung und versorgen Sie mit viel Flüssigkeit.

Apropos Salz, was tun, wenn eine Suppe versalzen ist?
Wenn Sie die Suppe während des Kochens häufig probieren und immer wieder abschmecken, kann sie eigentlich nicht zu salzig werden. Trinken Sie vor dem Abschmecken immer ein wenig Wasser, um die Geschmacksnerven zu neutralisieren. So lässt sich das Aroma leichter beurteilen.

Wenn Sie aber wirklich einmal zu tief in die Salzdose gegriffen haben, fügen Sie einige rohe Kartoffeln in Stücken hinzu und kochen Sie die Suppe weitere 20 Minuten. Die Kartoffeln nehmen dabei einen Teil des Salzes in sich auf. Je größer die Stücke sind, desto leichter sind sie anschließend auch wieder zu entfernen. Ist Ihnen allerdings die Salzschütte in die Suppe gefallen, gibt es keine Rettung mehr.

Wie lässt sich eine Suppe am besten pürieren?
Ein Stabmixer ist sehr praktisch, in einem Mixer wird die Konsistenz allerdings viel feiner. Mein Lieblingsgerät funktioniert sogar ohne Strom: Es ist meine wundervoll altmodische Passiermühle, auch Flotte Lotte genannt. Häufig streiche ich die Suppen nach dem Pürieren noch einmal durch ein feinmaschiges Sieb, um eventuelle feste Bestandteile wie Schalen zu entfernen. Dadurch wird die Suppe noch feiner. Fasern von Porree, Selleriestange oder Bohnenschalen lassen sich jedoch am besten durch eine Flotte Lotte entfernen. Mit ihr wird die Suppe gleichzeitig püriert und passiert.

Was ist Ihre schönste Suppenerinnerung?
Auf einer Autofahrt von London nach Paris kamen wir einmal in ein heftiges Gewitter. Man konnte nicht mal mehr als zwei Meter weit sehen. Es war schon spät und wir entschieden uns daher, anzuhalten und eine Unterkunft für die Nacht zu suchen. Glücklicherweise fanden wir recht schnell ein Hotel mit angegliedertem Restaurant. An diesem Abend stand eine Maronensuppe auf der Karte, die einfach unbeschreiblich lecker war. Während des gesamten restlichen Menüs dachte ich pausenlos an diese wunderbare Maronensuppe. Nach dem Dessert räumte der Kellner den Tisch ab und fragte, ob wir noch einen Wunsch hätten. Er meinte damit natürlich, ob er noch einen Kaffee oder Tee servieren solle, doch ich bat ihn um eine zweite Portion der Maronensuppe. Der Küchenchef war entzückt.

Kennen Sie einen Suppenwitz?
Ja, er stammt aus dem Film „Dumm und Dümmer“:
Lloyd: Was ist die „Soupe du Jour“?
Kellnerin: Das ist die Tagesuppe, Sir.
Lloyd: Mmmmhhh, klingt verlockend, die nehme ich.

Im Nu
gezaubert

Dies hier ist meine kleine Zauberecke, in der ich so einige Suppen vorstelle, die in weniger als 20 Minuten köstlich duftend auf dem Tisch stehen!

In der schnellen Küche braucht man schnelle Lösungen. Erbsen sind diesbezüglich echte Kurzstreckenmeister, da sie in Windeseile gar sind. Das gilt auch für Mais, Jakobsmuscheln, Regenbogenforelle oder geräucherten Schellfisch, die zudem dann, wenn in Ihrem Kühlschrank wieder einmal gähnende Leere herrscht, aus dem Gefrierfach hervorgeholt werden können.

Ich bin eigentlich keine Freundin von Dosenwaren, aber die Qualität spanischer Konservenprodukte, wie Pimientos del piquillo oder Kichererbsen, und auch italienische Dosentomaten schätze ich sehr. In diesem Kapitel baue ich sogar stark auf die Unterstützung von Konserven: Passierte Tomaten, Kokos- und Kondensmilch bilden eine gute Basis für die schnelle Suppenküche. Was dann noch fehlt, sind ein paar frische Zutaten. Einige meiner Rezepte sind perfekt geeignet für Umzüge oder auf dem Campingplatz.

Das Beste an diesem Kapitel sind allerdings Suppen wie Erbsen-Wasabi-Suppe mit Dill oder Thailändische Forellen-Kokos-Suppe, die ultraleicht herzustellen sind. Auch wenn Sie in der Küche noch Anfänger sind: Servieren Sie diese Suppen – jeder wird Sie für einen begnadeten Koch halten!

Tomaten-Kokos-Erdnuss-Suppe

Für 4 Personen
Vorbereitung: 5 Minuten
Garzeit: 18 Minuten

Ein wunderbares Rezept mit Zutaten aus dem Vorratsschrank. Für grüne Farbtupfer sorgen pfannengerührter Spinat oder Mangold, doch auch ohne diese Zutaten schmeckt die Suppe einmalig. Kinder lieben sie mit gekochten Suppennudeln. Durch Kokosmilch und Erdnussbutter wird die Suppe sehr gehaltvoll, servieren Sie also eher kleine Portionen.

Zutaten

600 g passierte Tomaten (Fertigprodukt)
2 TL Zucker
1 Prise Safran
400 ml Kokosmilch (evtl. fettreduziert)
2 TL Sojasauce
4–5 EL Erdnussmus (Erdnussbutter ohne Zuckerzusatz)
2 TL Olivenöl
100 g Babyspinat oder Mangold, klein geschnitten

Zum Servieren

scharfe Würzsauce, z. B. Tabasco

Zubereitung

Die passierten Tomaten in einen Topf (2 l Inhalt) füllen. 200 ml Wasser, Zucker und Safran hinzufügen. Aufkochen, dann bei reduzierter Hitze 10 Minuten köcheln.

Kokosmilch und Sojasauce einrühren. 2–3 Minuten unter ständigem Rühren köcheln, sonst gerinnt die Kokosmilch. Das Erdnussmus hineingeben und 1 weitere Minute köcheln.

Derweil das Olivenöl in einer großen Pfanne erhitzen und den Spinat darin kurz pfannenrühren, bis er zusammenfällt.

Die Suppe mit dem Spinat servieren und jeden Gast selbst mit der scharfen Sauce würzen lassen.

Tipp

Wenn Sie fettarme Kokosmilch verwenden, bekommt die Suppe eine leichtere Konsistenz.

„Schauen Sie sich in Ihrem Vorratsschrank einmal genauer um – er könnte kleine Schätze enthalten."

Erbsen-Wasabi-Suppe mit Dill

Für 4 Personen
Vorbereitung: 2 Minuten
Garzeit: 10 Minuten

Wasabi, eine kleine krautige Pflanze mit dickem Wurzelstock, stammt aus Japan. Er wird zwar auch als japanischer Meerrettich bezeichnet, stammt aber aus der Familie der Kreuzblütengewächse. Wasabi ist empfindlich und der Anbau teuer. Der meiste in Europa verkaufte Wasabi ist daher gar kein echter Wasabi, sondern eine dem Meerrettich ähnliche Wurzel, die lustigerweise „seiyô wasabi" (westlicher Wasabi) genannt wird. Diese wird gerieben und grün eingefärbt. Für dieses Rezept habe ich genau diese Paste verwendet. Ich habe noch nie echten, frisch geriebenen Wasabi probiert, würde ihn aber wahrscheinlich nicht in einer Suppe einsetzen. Übrigens kann man für diese Suppe auch Meerrettich verwenden.

Zutaten

2 Bio-Gemüse- oder Hühnerbrühwürfel
800 g junge Erbsen, Tiefkühlware
3–5 TL Wasabipaste
1 EL frisch gehackter Dill
Salz und schwarzer Pfeffer

Zubereitung

1 Liter Wasser in einem Topf (2 l Inhalt) zum Kochen bringen. Die Brühwürfel hinzufügen und unter Rühren auflösen. Die gefrorenen Erbsen hineingeben, aufkochen und bei reduzierter Hitze 5 Minuten köcheln. Vom Herd nehmen und 10 Minuten abkühlen lassen.

Die Suppe in zwei Portionen im Mixer glatt pürieren und zurück in den Topf füllen.

Zunächst 3 Teelöffel Wasabi mit etwas Erbsensuppe in einer Schale glatt rühren und in die Suppe geben. Dann kosten und bei Bedarf noch mehr Wasabi hinzufügen. Mit Salz und Pfeffer abschmecken, und die Suppe sanft wieder erhitzen. Mit dem Dill garnieren und servieren.

Tipp

Die dünne Haut der Erbsen lässt sich gut pürieren. Falls die Suppe ganz glatt werden soll, sollten Sie sie allerdings durch ein feines Sieb passieren und dann erst mit dem Wasabi würzen.

Spargel-Radieschengrün-Suppe

Für 4 Personen
Vorbereitung: 5 Minuten
Garzeit: 15 Minuten

Radieschengrün verleiht Suppen einen einmaligen Geschmack. Ebenso wie Brunnenkresse sollte man es aber erst am Ende der Garzeit hinzufügen, da zu langes Kochen das feine, pfeffrige Aroma zerstört. Radieschengrün lässt sich auch durch eine Mischung aus Brunnenkresse und Rucola ersetzen. Ich bin eigentlich kein Fan von Fertigkartoffelpüree, doch als alternative Zutat zum Binden von Suppen ist es richtig klasse.

Zutaten
500 g grüner Spargel
2 EL Olivenöl
1 Zwiebel, fein gehackt
Salz und schwarzer Pfeffer
30 g Fertigkartoffelpüree
200 g Radieschengrün, grob gehackt

Zum Servieren
100 g Ziegenfrischkäse
20 g Korianderblätter, frisch gehackt

Zubereitung
Das holzige Ende der Spargelstangen entfernen und die Stangen in 2,5-cm-Stücke schneiden.

Das Öl in einem Topf (3 l Inhalt) erhitzen. Zwiebel und Spargel darin bei mittlerer Hitze 2 Minuten andünsten, bis die Zwiebel weich und der Spargel leuchtend grün ist und duftet. Gut mit Salz und frisch gemahlenem schwarzem Pfeffer würzen. Die Kartoffelpüreeflocken unterrühren, dann 1 Liter Wasser angießen. 10 Minuten köcheln lassen.

Den Ziegenkäse mit einer Gabel zerdrücken und mit Koriander vermengen.

Das Radieschengrün in die Suppe geben und 2 Minuten köcheln. Vom Herd nehmen und 10 Minuten abkühlen lassen.

In drei Portionen im Mixer oder grob mit einem Stabmixer pürieren. Zurück in den Topf füllen und sanft erhitzen. Die Suppe mit einem großzügigen Löffel der Käse-Koriander-Mischung servieren.

Seeteufel-Kichererbsen-Suppe mit Chorizo & Pimiento del Piquillo

Für 4 Personen
Vorbereitung: 5 Minuten
(inklusive Dosen öffnen!)
Garzeit: 15 Minuten

In Spanien werden zahlreiche sehr hochwertige Konserven hergestellt. Pimientos del Piquillo gehören zu meinen Favoriten. Es handelt sich dabei um eine Spezialität aus Navarra in Nordspanien. Dort werden rote Piquillo-Paprika über Holzfeuer geräuchert, von Hand gehäutet, mariniert und in Gläser oder Dosen abgefüllt. Sie schmecken süß-würzig, mit einer verführerischen, leichten Rauchnote. Ich finde, dass Kichererbsen aus der Dose oft einen leicht metallenen Geschmack haben, doch die spanischen sind einfach exzellent. Dank der hervorragenden Qualität dieser Konserven lässt sich diese herrliche Suppe in nur 15 Minuten zubereiten.

Zutaten

1 Hühnerbrühwürfel
100 g Chorizo, in Scheiben geschnitten
570-g-Dose Kichererbsen
500 g Seeteufelfilet
Salz und schwarzer Pfeffer
3 Knoblauchzehen, zerdrückt
30 g frisch gehackte glatte Petersilie
100 g Pimientos del Piquillo, in dünne Streifen oder Rauten geschnitten

Zubereitung

Brühwürfel, Chorizo und 1 Liter Wasser in einem Topf (3 l Inhalt) aufkochen und bei reduzierter Hitze 5 Minuten köcheln. Die Kichererbsen hineingeben und weitere 5 Minuten köcheln.

Unterdessen den Seeteufel klein würfeln und gut mit Salz und frisch gemahlenem Pfeffer würzen. Den Fisch in die Suppe geben und weitere 3 Minuten köcheln. Knoblauch, Petersilie und Paprika hinzufügen und 2 Minuten mitköcheln. Vom Herd nehmen und 5 Minuten ruhen lassen, derweil den Tisch decken. Mit Weißbrot servieren und dieses in die leckere Suppe tunken. Ein tolles Campingrezept.

Pürierte Bohnensuppe auf orientalische Art

Für 4 Personen
Vorbereitung: 10 Minuten
Garzeit: 15 Minuten

Tahini, eine cremige Paste aus zerstoßener Sesamsaat, ist eine ausgezeichnete Kalzium- und Magnesiumquelle. Aufgrund der langen Haltbarkeit ist sie zudem perfekt für den Vorratsschrank. Mit Tahini können Sie Suppen aromatisieren, Dressings anrühren oder Hummus herstellen, Sie können die Paste aber auch für Desserts verwenden.

Zutaten

1 EL Olivenöl
1 große Zwiebel, fein gehackt
1 große Knoblauchzehe, zerdrückt
1 EL gemahlener Koriander
1 EL gemahlener Kreuzkümmel
400-g-Dose Augenbohnen, abgespült und abgetropft
30 g roter Mangold
30 g Brunnenkresse
Salz und schwarzer Pfeffer
1 Bio-Gemüse- oder Hühnerbrühwürfel
4 EL Tahini (Sesampaste)
75 g halb getrocknete Tomaten (Fertigprodukt)
2 EL frisch gehackter Dill

Zum Servieren

Zitrone
Pita-Brot

Zubereitung

Das Öl in einem Topf (2 l Inhalt) erhitzen und die Zwiebel darin 3–4 Minuten braten, bis sie weich und leicht karamellisiert ist. Knoblauch und Gewürze hinzufügen und 1 Minute mitbraten. Bohnen, Mangold und Brunnenkresse zugeben und 1 weitere Minute braten. Gut mit Salz und frisch gemahlenem schwarzem Pfeffer würzen.

Den Brühwürfel in 1 l kochendem Wasser auflösen, in den Suppentopf gießen, aufkochen und bei reduzierter Hitze 5 Minuten köcheln. Vom Herd nehmen und 10 Minuten abkühlen lassen.

Die Hälfte der Suppe im Mixer glatt pürieren. Die Tahini-Paste gut durchrühren, da sich die Ölschicht immer absetzt. Tahini, Tomaten und Dill mischen. Zunächst nur die Hälfte zur Suppe in den Mixer geben und pürieren, dann mit der zweiten Portion ebenso verfahren.

Die Suppe zurück in den Topf gießen und sanft erhitzen. Mit Zitrone und gegrilltem Pita-Brot servieren.

„Sie können diese Suppe mit jeder Art von Dosenbohnen zubereiten."

Tomaten-Ei-Suppe

Für 4 Personen
Vorbereitung: 12 Minuten
Garzeit: 20 Minuten

Dies ist die Tomatenvariante der berühmten chinesischen Eiersuppe. Die verquirlten Eier werden in die heiße Suppe getropft und bilden dabei feine Fäden und Flocken. Auch wenn die Suppe köstlich schmeckt – dass ich hier keine selbst gemachte Brühe verwende und dazu noch Flüssigwürze einsetze, um das Aroma des Brühwürfels zu verstärken, werden mir meine chinesischen Freunde niemals verzeihen. Wenn Sie also selbst gekochte Brühe in Ihrem Kühlschrank oder Gefrierfach finden, verwenden Sie bitte diese! Flüssigwürze gibt es in jedem Supermarkt.

Zutaten
450 g Tomaten
2 EL Pflanzenöl
1 große Zwiebel, fein gehackt
2 große Knoblauchzehen
20 g Ingwerwurzel, geschält und gerieben
2 TL Tomatenmark
1 Bio-Gemüse- oder Hühnerbrühwürfel
1/2 TL Flüssigwürze (z. B. von Maggi)
2 Eier
4 Frühlingszwiebeln, fein gehackt
1 kleines Bund frischer Koriander

Zum Servieren
Sojasauce, asiatische Fischsauce, Limettensaft oder Chili

„Der Geschmack der Suppe hängt stark von der Qualität und dem Reifegrad der Tomaten ab."

Zubereitung
Die Tomaten mit einem scharfen Messer kreuzweise einritzen. In eine Schüssel geben und mit sprudelnd kochendem Wasser übergießen. 1 Minute ziehen lassen, bis sich die Haut leicht von den Tomaten löst. Abgießen und unter fließend kaltem Wasser abkühlen. Die Tomaten häuten, halbieren und die Kerne mit einem Teelöffel herauskratzen. Das Fruchtfleisch grob hacken.

Das Öl in einem Topf (3 l Inhalt) erhitzen und die Zwiebel darin 2 Minuten dünsten, bis sie weich ist. Knoblauch und Ingwer hinzufügen und 1 Minute mitdünsten, bis sie langsam am Topfboden anhaften. Tomaten und Tomatenmark unterrühren und etwa 5 Minuten köcheln, bis die Tomaten weich werden. Den Brühwürfel mit Flüssigwürze in 1 l kochendem Wasser auflösen und in den Suppentopf geben. Aufkochen, dann bei reduzierter Hitze 10 Minuten köcheln.

Die Eier in einen Messbecher aufschlagen und mit einer Gabel leicht verquirlen. Den Becher etwa 50 cm über den Topf halten und die Eiermasse in die Suppe gießen, während man die Suppe gleichzeitig im Uhrzeigersinn rührt. So entstehen dünne Eifäden. Mit dem Rühren aufhören, sobald das Ei eingegossen ist. Ganz sanft 1 Minute köcheln. Frühlingszwiebeln und Koriander unterrühren, dann den Topf vom Herd nehmen.

Vor dem Servieren 5 Minuten ruhen lassen. Lassen Sie jeden Gast die Sojasauce zum Nachwürzen selbst hineingeben. Köstlich ist die Suppe auch mit Fischsauce, Limettensaft oder Chili.

Rucolacremesüppchen mit Ziegenmilch

Für 4 Suppenteller
oder 6 kleinere Becher
Vorbereitung: 5 Minuten
Garzeit: 5 Minuten

Diese Suppe ist der Spitzenreiter unter den schnellen Suppen dieses Buchs. Die Verwendung von Ziegenmilch hat zwei große Vorteile: Zum einen bekommen viele Menschen von Kuhmilch Verdauungsprobleme, von Ziegenmilch hingegen nicht, zum anderen hat sie diesen wundervollen Geschmack.

Zutaten

300 g Rucola
750 ml Ziegenmilch
250 g Ziegensahne
1 EL frisch gehackter Estragon
1 EL frisch gehackter Schnittlauch
Salz und schwarzer Pfeffer
2 EL flüssiger Honig (nach Belieben)

Zubereitung

Ein Drittel des Rucolas und ein Drittel der Ziegenmilch in einen Mixer füllen. Glatt mixen und in einen Topf (3 l Inhalt) gießen. Mit verbliebenem Rucola und restlicher Milch auf die gleiche Weise verfahren. Ziegensahne, Estragon und Schnittlauch zur Rucolamilch in den Topf geben und alles sanft erhitzen, bis es fast köchelt. Mit Salz und reichlich frisch gemahlenem schwarzem Pfeffer würzen.

Die Suppe dickt beim Erhitzen leicht an und hat dann die Konsistenz von dickflüssiger Sahne. Die Suppe nach Belieben mit dem Honig beträufeln, umrühren und servieren.

„Nur 10 Minuten für eine Suppe, die auch in einem Top-Restaurant auf der Karte stehen könnte."

Couscous-Kräuter-Suppe mit Harissa

Für 4 Personen
Vorbereitung: 5 Minuten
Garzeit: 15 Minuten

Vorsicht! Diese Suppe ist extrem scharf und definitiv nur für Chili-Fans geeignet. Kaufen Sie Harissa in einem türkischen Lebensmittelgeschäft oder in einem gut sortierten Supermarkt. Oder machen Sie sie selbst: Im letzten Kapitel habe ich ein Harissa-Rezept angehängt (siehe Seite 137). Auch Couscous gibt es in sehr unterschiedlicher Qualität. Wenn Sie die Möglichkeit haben, wählen Sie ein nordafrikanisches Produkt mit mittelgrober Körnung.

Zutaten

2 EL Olivenöl
4 Knoblauchzehen, zerdrückt
1–2 EL Harissa (siehe Seite 137 oder türkischer Lebensmittelladen)
75 g Couscous
1 Hühnerbrühwürfel
1 EL frisch gehackte Minze
1 EL frisch gehackter Koriander

Tipp
Klasse auch mit Fisch- oder Hühnchenresten.

Zubereitung

Das Öl in einem Topf (3 l Inhalt) auf mittlerer Stufe erhitzen und den Knoblauch darin etwa 1 Minute andünsten. Er sollte goldgelb sein, aber nicht anbräunen. Harissa und Couscous hinzufügen und 30 Sekunden mitbraten. Den Brühwürfel in 1,2 l sprudelnd kochendem Wasser auflösen und die Brühe in den Topf gießen. Aufkochen, dann bei reduzierter Hitze 7–8 Minuten köcheln.

Sie Suppe vom Herd nehmen. Minze und Koriander hineingeben und 3–4 Minuten ziehen lassen.

„Wenn Sie es etwas milder mögen, ersetzen Sie einen Teil der Harissa durch Tomatenmark.“

REYNARD
TEINTURIER
DÉPOT ICI
LECHOSA
NINA
KLOPSY

Cremige Bohnensuppe mit Tapenade-Dressing

Für 4 Personen
Vorbereitung: 5 Minuten
Garzeit: 15 Minuten + 10 Minuten Abkühlzeit

Bohnen verleihen einer Suppe immer eine wunderbar cremige Struktur. Spülen Sie Dosenbohnen vor Gebrauch jedoch immer gründlich ab, um überschüssiges Salz und gegebenenfalls einen gewissen Dosengeschmack zu entfernen, der Ihre Suppe verderben könnte. Geben Sie die Bohnen dazu aus der Dose in einen Durchschlag und spülen Sie sie unter fließend kaltem Wasser ab. Die Tapenade, eine französische Paste aus Oliven und Sardellenfilets, ist in gut sortierten Supermärkten erhältlich. Vegetarier können die Tapenade durch Kapern ersetzen.

Zutaten

1 EL Olivenöl
2 große Knoblauchzehen
1 frischer Rosmarinzweig
3 x 420-g-Dosen weiße Bohnen, abgespült und abgetropft
1 Hühnerbrühwürfel

Tapenade-Dressing

2 EL fein gehackter frischer Schnittlauch
1 EL Balsamico-Essig
2 EL natives Olivenöl extra
2 EL Tapenade (oder für Vegetarier Kapern)

Zubereitung

Das Öl in einem Topf (3 l Inhalt) auf mittlerer Stufe erhitzen und Knoblauch und Rosmarin darin 1 Minute andünsten. Der Knoblauch sollte goldgelb sein, aber nicht anbräunen, da er sonst einen bitteren Geschmack entwickelt. Bohnen, 900 ml Wasser und den Brühwürfel hinzufügen. Aufkochen, dann bei reduzierter Hitze 10 Minuten köcheln.

Den Schnittlauch mit Balsamico und Olivenöl unter die Tapenade mischen. Beiseitestellen.

Die Bohnensuppe 10–15 Minuten abkühlen lassen. Die Hälfte der Suppe im Mixer glatt pürieren, dann durch ein Sieb in einen Topf passieren. Ebenso mit der zweiten Hälfte verfahren. Die festen Bestandteile im Sieb gut ausdrücken und dann entsorgen.

Die Suppe sanft wieder erhitzen und mit Tapenade-Dressing gekrönt servieren.

Thailändische Forellen-Kokos-Suppe

Für 4 Personen
Vorbereitung: 5 Minuten
Garzeit: 15 Minuten

Um die Zubereitungszeit zu verkürzen, verwende ich in dieser Suppe Currypaste aus dem Supermarkt. Jede Marke schmeckt anders, betrachten Sie die im Rezept angegebene Menge daher nur als grobe Richtschnur. Da Menschen Schärfe sehr unterschiedlich wahrnehmen, sollten Sie die Menge an Ihren Geschmack anpassen. Auf Seite 134 finden Sie übrigens ein Rezept für selbst gemachte rote Currypaste. Mit einer Küchenmaschine ist sie kinderleicht herzustellen und im Kühlschrank bis zu 2 Wochen haltbar.

Zutaten

800 ml Kokosmilch
1 Hühnerbrühwürfel
1 EL brauner Zucker
1–2 EL thailändische rote Currypaste (Fertigprodukt oder siehe Rezept Seite 134)
120 g Chinakohl, fein geraspelt
500 g Regenbogenforellenfilet ohne Haut, in 4 cm große Stücke geschnitten
1 TL frische grüne Pfefferkörner, zerdrückt, oder ½ TL frisch gemahlener schwarzer Pfeffer

Zum Servieren

frisches Thai-Basilikum oder frischer Koriander
Fischsauce
Limettensaft

Zubereitung

Kokosmilch, Brühwürfel und Zucker in einen Topf (3 l Inhalt) geben und 400 ml Wasser zugießen. Alles unter ständigem Rühren zum Köcheln bringen, damit die Kokosmilch nicht gerinnt.

Die Currypaste in einer Schöpfkelle Suppe auflösen und nach und nach in den Topf geben. Abschmecken und bei Bedarf mehr zufügen. Bedenken Sie aber, dass später noch Pfeffer hinzugegeben wird. Den Chinakohl hineingeben und 3 Minuten garen. Dann Fischstücke und zerstoßene frische Pfefferkörner zufügen und weitere 3 Minuten kochen.

Thai-Basilikumblätter auf die Servierschalen verteilen. Mit der Suppe auffüllen, mit Fischsauce und Limettensaft würzen und servieren.

„Perfekt für ein stylisches, improvisiertes Abendessen mit Freunden."

Geräucherter Schellfisch mit Sauerteig-Croûtons

Für 4 Personen
Vorbereitung: 5 Minuten
Garzeit: 17 Minuten

Räucherschellfisch ist lange haltbar, schnell gar und perfekt für eine improvisierte Suppe. Er besitzt eine helle Bernsteinfarbe und hat einen feineren Geschmack. Leider ist er selten zu bekommen. Fragen Sie in gut sortierten Fischläden nach oder bestellen Sie ihn bei einem Internethändler.

Zutaten

650 g geräucherter Schellfisch (alternativ Forelle oder Lachs)
400 ml Kondensmilch
1 kleine Porreestange, in dünne Ringe geschnitten
3 Knoblauchzehen, zerdrückt
1 Lorbeerblatt
200 g Sauerteigbrot
Olivenöl, zum Beträufeln
30 g grob gehackte frische Petersilie
frisch gemahlener schwarzer Pfeffer

Zubereitung

Den Backofen auf 220 °C vorheizen.

Den Fisch in zwei Stücke teilen und in einen Topf (3 l Inhalt) geben. Mit der Kondensmilch bedecken und 1,2 l Wasser zugießen. Porreeringe, zerdrückten Knoblauch und Lorbeerblatt hinzufügen. Zum Köcheln bringen (nicht sprudelnd kochen) und die Suppe 10–12 Minuten köcheln lassen.

Derweil das Brot in 1½ cm dicke Scheiben schneiden und jede Scheibe vierteln, um große Croûtons herzustellen. Auf einem Backblech verteilen, mit Olivenöl beträufeln und 10 Minuten im vorgeheizten Ofen rösten. Nach 5 Minuten wenden. Sie sollten goldgelb und kross sein.

Nun die Fischstücke mit einem Schaumlöffel aus der Suppe heben und auf einen großen Teller legen. Vorsichtig häuten, damit der Fisch nicht zu sehr zerfällt – große Stücke sehen einfach schöner aus. Zurück in den Topf geben, dann gehackte Petersilie und frisch gemahlenen Pfeffer hinzufügen und 2 Minuten weiterköcheln. Abschmecken. Die Croûtons auf die Suppenteller verteilen, mit Suppe und Fisch bedecken und servieren.

Gut essen für wenig Geld

Am Kochen mit kleinem Budget liebe ich besonders, dass man so erfinderisch wird. Gemüseschalen wirft man nie wieder weg, wenn einem erst einmal klar geworden ist, welch leckere Brühen man aus ihnen herstellen kann. Wenn Sie in Meeresnähe wohnen, können Sie sich Ihre Muscheln ganz kostenlos selbst am Strand suchen. Salatblätter, die welk im Kühlschrank liegen, eignen sich vielleicht nicht mehr für einen Salat, durchaus aber noch für eine köstliche Suppe. Hart gewordene Käsereste, die nach dem Reiben übrig bleiben, verleihen einer Suppe ein herrliches Aroma. Und mit einem Löffel grobkörnigen Senf können Sie Ihre Pastinakensuppe regelrecht verzaubern.

Ihr Gewürzregal sollten Sie ebenfalls nicht unterschätzen. Gewürze, die Sie vor einigen Monaten für ein Currygericht gekauft haben, können durchaus noch eine Suppe verfeinern. Gewürze kauft man am besten in großen Packungen im nächsten Asia-Shop oder im mediterranen Lebensmittelladen um die Ecke. Sie sind preisgünstiger, und man hat lange etwas davon.

Um beim Kochen innerhalb Ihres Budgets zu bleiben, lohnt es sich, geschickt zu kombinieren. Auf den ersten Blick erscheint manche Suppe vielleicht eher teuer – Arborioreis und Pekannüsse sind kostspielige Zutaten –, doch zusammen mit Porree und Milch ergibt sich daraus eine köstliche, preisgünstige Suppe. Überdies lässt sich Geld sparen, wenn man seine Rezepte durchblättert und aus den im Haushalt bereits vorhandenen Zutaten etwas Leckeres zaubert. So braucht man nicht extra einzukaufen.

Im diesem Kapitel finden Sie verschiedene Suppen für den kleinen Geldbeutel. Spitzenreiter ist hier die Zwiebelcremesuppe, die vier Leute satt macht und fast gar nichts kostet!

Klippfischsuppe mit Tomaten & Paprika

Für 4 Personen
Vorbereitung: 24 Stunden Wässern + 10 Minuten
Garzeit: 1 Stunde und 10 Minuten

Kaufen Sie Klippfisch (getrockneter, gesalzener Fisch, meist Kabeljau) in portugiesischen oder spanischen Lebensmittelgeschäften, dort ist er günstiger. Da er in kleinen Stücken leichter zu handhaben und das Zerschneiden recht schwierig ist, bitten Sie im Geschäft am besten darum, den Fisch für Sie zu zerkleinern. Der Fisch sollte dick und weiß sein, keinesfalls gelblich. Klippfisch muss 24 Stunden gewässert werden und ist dann nicht mehr so salzig. Er besitzt eine feste, fleischige Struktur und ein einzigartiges Aroma.

Zutaten

500 g Klippfischstücke mit Gräten
500 g Tomaten, geschält und geviertelt
400-g-Dose geschälte Tomaten (möglichst italienische), halbiert
6 ungeschälte Knoblauchzehen
Salz und schwarzer Pfeffer
1 TL Zucker
2 EL Olivenöl
1 TL Paprikapulver edelsüß
8 Scheiben Ciabatta (2 Scheiben pro Person)
1 EL frisch gehackte glatte Petersilie
natives Olivenöl extra, zum Beträufeln

Zubereitung

Den Fisch gut unter fließend kaltem Wasser abspülen, in eine große, nicht metallene Schüssel geben und mit reichlich kaltem Wasser bedecken. 24 Stunden wässern und das Wasser währenddessen etwa 5-mal wechseln.

Den Backofen auf 200 °C vorheizen.

Frische Tomaten und Dosentomaten mit den Knoblauchzehen in eine Auflaufform geben und mit Salz und frisch gemahlenem schwarzem Pfeffer würzen. Mit dem Zucker bestreuen, mit 1 Esslöffel Olivenöl beträufeln und 45 Minuten im vorgeheizten Ofen backen. Die Tomaten aus dem Ofen nehmen. Die Knoblauchzehen herausheben und auf ein Schneidebrett legen. Mit einem Löffelrücken das Fruchtfleisch herausdrücken und die Schalen wegwerfen.

Die Fischstücke aus dem Wasser heben und auf Küchenpapier abtropfen lassen.

Das verbliebene Öl in einem Topf (3 l Inhalt) erhitzen und den Knoblauch darin 2–3 Minuten sanft braten. Die gebackenen Tomaten und das Paprikapulver hinzufügen und umrühren. 800 ml Wasser angießen und zum Köcheln bringen. Den Fisch hineingeben und 15 Minuten sanft köcheln.

Derweil den Backofengrill vorheizen und die Ciabatta-Scheiben 10 Minuten rösten, bis sie beidseitig goldbraun sind.

Den Fisch mit einem Schaumlöffel aus der Suppe heben. Haut und Gräten mit zwei Gabeln entfernen und das Fischfleisch in Stücke zupfen. Zurück in die Suppe geben und weitere 5 Minuten köcheln. Mit Salz und Pfeffer abschmecken.

Zum Servieren 2 Ciabatta-Scheiben in jede Suppenschale geben, mit Petersilie bestreuen und mit Suppe begießen. Mit Olivenöl beträufeln.

Linsensuppe mit karamellisierten Zwiebeln

Für 4 Personen
Vorbereitung: 20 Minuten
Garzeit: 1 Stunde und 10 Minuten

Im Gegensatz zu Bohnen müssen Linsen nicht eingeweicht werden – man kann also viel spontaner sein. Es gibt sie in vielen verschiedenen Sorten mit jeweils eigenem Geschmack und eigener Garzeit. Diese Suppe habe ich mit grünen Linsen zubereitet, doch es ist auch jede andere Linsensorte möglich. Halten Sie sich einfach an die auf der Verpackung angegebene Gardauer und fügen Sie noch einige Minuten hinzu, da die Linsen für eine Suppe etwas weicher sein sollten.

Suppe
1 Zwiebel
1 Porreestange
1 große Karotte
1 Selleriestange
2 EL Olivenöl
1 Knoblauchzehe, zerdrückt
175 g grüne Linsen

Karamellisierte Zwiebeln
4 Zwiebeln
2 EL Olivenöl
$^1/_2$ TL Zucker
Salz und Pfeffer

Zum Servieren
Sahnemeerrettich

Tipp
Eine Brühe abzuseihen ist keine ganz so einfache Angelegenheit. Feste Bestandteile können plötzlich herauspurzeln und Sie mit kochend heißen Spritzern verbrühen. Um all dies zu vermeiden, sollten Sie die Brühe mit einer Schöpfkelle in das Sieb über dem Topf einfüllen.

Zubereitung
Zwiebel, Porree, Karotte und Sellerie putzen bzw. schälen. Die Schalen und Abschnitte in einen Topf (2 l Inhalt) geben und mit 1,3 l Wasser bedecken. Aufkochen, dann bei reduzierter Hitze halb abgedeckt 30 Minuten köcheln.

Währenddessen das Gemüse fein würfeln und beiseitestellen.

Für die karamellisierten Zwiebeln die Zwiebeln fein hacken. Das Öl in einer großen Pfanne erhitzen und die Zwiebeln darin bei mittlerer Hitze 2 Minuten weich dünsten. Mit dem Zucker bestreuen, gut umrühren und abdecken. Sollte ein passender Deckel fehlen, mit einem Stück Alufolie abdecken. Abgedeckt 30–40 Minuten köcheln, dabei gelegentlich rühren, damit nichts anbrennt.

Inzwischen 2 Esslöffel Öl in einem Topf (3 l Inhalt) erhitzen und das gewürfelte Gemüse darin bei mittlerer Hitze 10 Minuten dünsten, bis es weich und leicht karamellisiert ist. Zerdrückten Knoblauch und Linsen hinzufügen und rühren, bis alles gut mit Öl umzogen ist. Nicht salzen, denn dies verhärtet die Schale der Linsen, und die Garzeit verlängert sich. Nun müsste die Brühe fertig sein. Ein Sieb über dem Topf mit der Gemüse-Linsen-Mischung platzieren und die Brühe direkt in den Topf abseihen. Aufkochen, 2–3 Minuten sprudelnd kochen und den an der Oberfläche entstehenden grünlichen Schaum abschöpfen. Die Hitze reduzieren und 25–30 Minuten köcheln, bis die Linsen gar sind. Abschmecken.

In der Zwischenzeit die Zwiebeln mit Salz und Pfeffer würzen. Sie dürften nun langsam goldbraun werden. Prüfen, ob die Temperatur wirklich gering genug ist. Sanft weiterschmoren, bis die Suppe fertig ist. Die Zwiebelstücke sollten goldbraun und an den Rändern knusprig sein.

Die fertige Suppe können Sie servieren, wie sie ist, oder 10 Minuten abkühlen lassen und teilweise mit einem Stabmixer pürieren. Die Suppe mit den karamellisierten Zwiebeln und ein wenig Sahnemeerrettich servieren.

Brotsuppe mit geröstetem Knoblauch

Für 4 Personen
Vorbereitung: 5 Minuten
Garzeit: 45 Minuten

Dies ist die ultimative Suppe für Knoblauchfans. Überdies ist sie wirklich etwas für den kleinen Geldbeutel, da man nur Knoblauch, Brot und Eier braucht. Im südwestlichen Frankreich wurde sie einst dem Brautpaar traditionell in der Hochzeitsnacht serviert.

Zutaten

4 Knoblauchknollen
Salz
3 EL Entenschmalz oder Olivenöl
150 g gemischtes Brot (z. B. Sauerteig-, Vollkorn- und Mischbrot), in kleine Stücke geschnitten
4 Eier
2 EL frisch gehackte glatte Petersilie

„Kaufen Sie rundliche Knoblauchknollen mit festen Zehen und einer leicht violetten Schale."

Zubereitung

Den Backofen auf 190 °C vorheizen.

Die Knoblauchknollen waschen und jede Knolle horizontal halbieren. Auf ein Backblech setzen, mit Salz bestreuen und mit dem Entenschmalz bestreichen. Im vorgeheizten Ofen 20 Minuten backen, bis der Knoblauch goldbraun geworden ist. Aus dem Ofen nehmen und so, wie er ist, in einen Topf (3 l Inhalt) geben. 1,4 l Wasser zugießen, abdecken und bei geringer Hitze 20 Minuten köcheln.

Derweil den Backofengrill vorheizen und die Brotstücke darunter 10–15 Minuten rösten, nach der Hälfte der Backzeit wenden. Sie sollten knusprig und gut gebräunt sein. Beiseitestellen.

Wenn die Knoblauchbrühe fertig ist, mit einem Kartoffelstampfer im Topf das Fruchtfleisch aus den Knoblauchhälften herausdrücken. Ein Sieb auf einen zweiten Topf (3 l Inhalt) setzen. Die Brühe und den Knoblauch mit Hilfe eines Schöpflöffels in den Topf abseihen. Die Knoblauchhälften nochmals ausdrücken und so viel Flüssigkeit und Fruchtfleisch wie möglich herauspressen.

Die Brühe erneut aufkochen. Das Brot hinzufügen und alles zum Köcheln bringen. Ein Ei nach dem anderem in eine Tasse aufschlagen und vorsichtig einzeln in die Suppe gleiten lassen. Für weiche Eier 5 Minuten, für feste Eier 7 Minuten köcheln.

Etwas gehackte Petersilie in jeden Suppenteller geben. Die Eier mit einem großen Löffel behutsam herausheben und auf die Teller verteilen. Dabei nicht zerbrechen. Mit Suppe übergießen und sofort servieren.

Fischsuppe mit gerösteten Spaghetti & Aioli

Für 4 Personen
Vorbereitung: 15 Minuten
Garzeit: 1 Stunde

Tipp
Durch das vorherige Rösten verleihen die Spaghetti der Suppe ein herrlich nussiges Aroma.

Fischabschnitte bekommen Sie im Fischladen oder in der Frischeabteilung im Supermarkt. Sie können diese Suppe auch als Hauptgericht servieren. Und falls Sie noch nie eine Aioli zubereitet haben – das Rezept auf Seite 136 ist kinderleicht.

Zubereitung
Einen großen Topf (5 l Inhalt) verwenden. Die Fischabschnitte mit einer Küchenschere in kleine Stücke schneiden.

Das Öl in dem Topf auf mittlerer Stufe erhitzen. Zwiebel, Fenchel, Karotten und Knoblauch darin 4–5 Minuten dünsten. Die Zwiebel soll leicht karamellisieren, aber nicht anbräunen. Großzügig mit Salz und Pfeffer würzen, das Tomatenmark hinzufügen und 1 weitere Minute dünsten. Dann mit dem Weißwein ablöschen und den Bratensatz lösen. Etwa 2 Minuten kochend reduzieren lassen.

Ein Drittel der Fischabschnitte hineingeben und bei hoher Hitze garen, bis sie gut mit dem Gemüse vermengt sind. Ein weiteres Drittel hinzufügen, erhitzen und schließlich den Rest der Fischabschnitte hineingeben. Großzügig würzen. 2 Liter Wasser angießen und zum Kochen bringen. Den aufsteigenden Schaum abschöpfen und 20 Minuten halb abgedeckt köcheln lassen.

Derweil die Spaghetti mit den Fingern in kleine Stücke brechen und in eine heiße Pfanne geben. 3–4 Minuten trocken rösten, bis sie hellgoldgelb sind und duften. Dann in einer Schüssel abkühlen lassen.

Die Fischabschnitte im Topf mit einem Kartoffelstampfer zerdrücken und alles gut durchmengen. Die Muscheln hineingeben und 4 Minuten köcheln. Vom Herd nehmen und die Suppe 10 Minuten abkühlen lassen.

Die Muscheln aus dem Topf heben, auslösen und das Muschelfleisch zurück in den Topf geben. Ein Sieb über einen weiteren Topf setzen und ein wenig der Fischsuppe mit Hilfe eines Schöpflöffels in den Topf abseihen. Die Rückstände im Sieb gut ausdrücken, um so viel Flüssigkeit wie möglich herauszupressen. Ebenso mit der restlichen Suppe verfahren. Die Siebrückstände wegwerfen.

Die Brühe wieder zum Köcheln bringen und 10–12 Minuten reduzieren lassen, um den Geschmack zu konzentrieren. Abschmecken, die gerösteten Vermicelli hinzufügen und 5 Minuten köcheln, bis die Nudeln soeben gar sind.

Die Brotscheiben rösten, großzügig mit Aioli bestreichen und zur Suppe servieren.

Zutaten

1,5 kg Fischabschnitte (Köpfe, Gräten und Schwänze)
2 EL Olivenöl
1 rote Zwiebel, in Ringe geschnitten
130 g Fenchelknolle, in dünne Scheiben geschnitten
130 g Karotten, fein gewürfelt
4 Knoblauchzehen, grob gehackt
Salz und Pfeffer
2 EL Tomatenmark
100 ml Weißwein
130 g Spaghetti
200 g frische Miesmuscheln

Zum Servieren

Aioli (siehe Seite 136)
in Scheiben geschnittenes Brot

Cremige Venusmuschelsuppe

Besonders lecker schmeckt diese Suppe mit Venusmuscheln, die man frühmorgens selbst am Strand gesammelt hat. Genau das haben wir für dieses Foto getan. Selbst gesammelte Venusmuscheln sollte man zunächst gut abbürsten und dann mindestens 3 Stunden wässern. Dabei spucken sie langsam den gesamten Sand und Schmutz aus, den sie in sich aufgenommen haben. Bei Bedarf kann man sie auch den ganzen Tag im Wasser liegen lassen. Dasselbe gilt für Venusmuscheln vom Fischhändler, auch sie müssen gewässert werden. Manche legen Venusmuscheln in Salzwasser ein. Ich finde aber, dass regelmäßig ausgetauschtes Leitungswasser ebenso gut funktioniert.

Für 4 Personen
Vorbereitung: mindestens 3 Stunden Einweichzeit + 10 Minuten
Garzeit: 25 Minuten

Venusmuscheln

1,5 kg Venusmuscheln
1 EL Butter
1 EL Olivenöl
50 g Schalotten, gehackt
1 Selleriestange, in Scheiben geschnitten

Suppe

2 EL Olivenöl
75 g Frühstücksspeck, gewürfelt
1 große Zwiebel, gewürfelt
400 g Kartoffeln, gewürfelt
400 ml Kondensmilch
1 EL Speisestärke

Tipp

Offene oder zerbrochene Muscheln vor dem Kochen aussortieren. Nach dem Garen noch geschlossene Exemplare entsorgen. Diese sind ungenießbar. Gleiches gilt für Miesmuscheln.

Zubereitung

Die Venusmuscheln abbürsten und mindestens 3 Stunden wässern. Abgießen und unter fließend kaltem Wasser abspülen. Offene oder zerbrochene Muscheln entsorgen.

Butter und Öl in einem Topf (4 l Inhalt) mit passendem Deckel auf mittlerer Stufe erhitzen. Schalotten und Sellerie darin 2 Minuten weich dünsten. Die Muscheln hinzufügen, abdecken und bei hoher Hitze 3 Minuten garen. Dabei gelegentlich am Topf rütteln. Vom Herd nehmen und die Muscheln noch 1 Minute im eigenen Dampf weitergaren lassen.

Ein Sieb über eine Schüssel setzen, die Muscheln darin abseihen und abkühlen lassen. Den Kochsud durch ein sehr feinmaschiges Sieb gießen, um verbliebenen Sand zu entfernen.

Für die Suppe das Öl in einem Topf (3 l Inhalt) erhitzen und den Speck darin leicht knusprig braten. Aus dem Topf heben und beiseitestellen. Die Zwiebel 3–4 Minuten im ausgelassenen Fett weich dünsten, bis sie ein wenig Farbe angenommen hat. Die Kartoffeln hineingeben und 1 Minute mitdünsten. 500 ml Wasser zugießen und 15 Minuten kochen, bis die Kartoffeln gar sind. Kondensmilch, Muschelsud und beiseitegestellten Speck hinzufügen und zum Köcheln bringen.

Die Muscheln auslösen und sofort in den Topf geben. Noch geschlossene Exemplare entsorgen. Die Suppe 1 Minute köcheln.

Die Speisestärke mit 1 Esslöffel Wasser glatt rühren und unter ständigem Rühren in die Suppe gießen. So dickt die Suppe an und erhält die Konsistenz von dickflüssiger Sahne. 2–3 Minuten sanft köcheln lassen und servieren.

Türkische Hühner-Joghurt-Suppe mit gebräunter Butter

Bei sehr geringer Hitze geköchelte Butter, die dabei goldbraun wird und einen nussigen Geschmack entwickelt, nennt man Nussbutter. In der türkischen Küche ist sie eine wichtige Zutat, die fast wie ein Gewürz verwendet wird. Ausschlaggebend für eine gute Suppe ist wie immer eine hochwertige Brühe. Ganz zum Schluss wird als letzter Pfiff noch ein wenig getrocknete Minze in die Suppe gegeben.

Für 4 Personen
Vorbereitung: 2 Stunden für die Brühe
Garzeit: 16 Minuten

Zutaten

1,5 kg Hähnchenflügel
1 große Zwiebel, geachtelt
1 große Karotte, in Stücke geschnitten
1 frische rote Chili, halbiert
Salz
80 g Butter
40 g Basmatireis
2 EL Speisestärke
500 g Joghurt
1 großes Ei
1 Eigelb
1 TL getrocknete Minze

Zum Servieren

Paprikapulver
geröstetes Pita-Brot

Tipp

Zum Aufwärmen muss die Suppe ständig gerührt werden und darf auf keinen Fall kochen, da sie ansonsten gerinnt.

Zubereitung

Den Backofen auf 220 °C vorheizen.

Für die Brühe die Hähnchenflügel mit Zwiebel, Karotte und Chili in eine Auflaufform geben und 45 Minuten im vorgeheizten Backofen rösten. 5 Minuten vor Ende der Garzeit gut salzen.

Ein wenig Fleisch von den Flügeln lösen und beiseitestellen. Die restlichen Zutaten aus der Form in einen Topf (3 l Inhalt) geben. 250 ml kochendes Wasser in die Auflaufform gießen und sämtlichen Bratensatz lösen, die Flüssigkeit dann in den Topf geben. 1,6 l Wasser zugießen, zum Kochen bringen und 1 Stunde sanft köcheln. Da die Brühe konzentrierter sein muss als eine gewöhnliche Brühe, lassen Sie sie ohne Deckel um fast die Hälfte einkochen. Nach 1 Stunde müsste noch 1 l Brühe übrig sein.

Derweil die Nussbutter zubereiten. Dazu die Butter in einem kleinen Topf bei sehr geringer Hitze zerlassen. Etwa 10 Minuten köcheln, bis sie goldbraun geworden ist. Das Timing ist dabei sehr wichtig, denn die Butter brennt rasch an, sobald sie einen goldgelben Farbton angenommen hat. Sobald Sie keine süße, sondern eine eher bittere Note wahrnehmen, sollten Sie die Butter unverzüglich in eine Schüssel abgießen und beiseitestellen.

Die Brühe durch ein Sieb in einen Topf geben und die Siebrückstände wegwerfen. Erneut aufkochen und abschäumen. Den Reis hineingeben und abgedeckt 10 Minuten gar köcheln. Die Speisestärke mit 2 Esslöffeln Wasser glatt rühren. In die Brühe geben, 1 Minute rühren und leicht andicken lassen. Joghurt, Ei und Eigelb gut verquirlen. Die Mischung langsam und unter ständigem Rühren in die köchelnde Suppe gießen. Getrocknete Minze und das beiseitegestellte Hühnerfleisch hineingeben und 5 Minuten unter Rühren sanft köcheln.

Die Suppe in Schalen füllen, mit etwas Nussbutter beträufeln und mit Paprikapulver bestäuben. Mit geröstetem Pita-Brot servieren.

Dicke-Bohnen-Suppe mit Minze

Für 4 Personen
Vorbereitung: 10 Minuten
Garzeit: 20 Minuten

Frisch geerntete dicke Bohnen sind ein Hochgenuss. Allerdings lässt die Qualität der dicken Bohnen in Supermärkten oder auf Märkten oft zu wünschen übrig. Häufig sind sie mehlig und bitter. Daher empfehle ich hier die Verwendung von gefrorenen jungen dicken Bohnen, es sei denn, Sie bauen selbst welche im Garten an.

Zutaten

30 g frische Minze
2 EL Olivenöl
1 große Zwiebel, fein gehackt
1 Karotte, fein gehackt
2 TL Senfkörner
1 TL Kreuzkümmelsamen
6 Kardamomkapseln, zerstoßen
1/4 TL Kurkumapulver
1 große Prise Chilipulver
500 g junge dicke Bohnen, Tiefkühlware aufgetaut

Zubereitung

1,3 l Wasser zum Kochen bringen. Die Minze hineingeben, vom Herd nehmen und 10 Minuten ziehen lassen.

Derweil das Öl in einem Topf (3 l Inhalt) auf mittlerer Stufe erhitzen. Zwiebel und Karotte darin 5 Minuten weich dünsten. Die Gewürze hinzufügen und 1 Minute bei geringer Hitze braten. Gut umrühren.

Die Bohnen zugeben und alles gründlich vermengen. Den Minzeaufguss durch ein Sieb zugießen, alles zum Kochen bringen und 15 Minuten köcheln. Vom Herd nehmen und leicht abkühlen lassen.

Die dicken Bohnen mit der Brühe im Mixer in drei Portionen glatt pürieren. Dann durch ein feinmaschiges Sieb in einen Topf passieren, um die Schalen zu entfernen. Die Suppe erneut erhitzen und servieren.

„Der Minzeaufguss verleiht dieser Suppe einen frischen, sommerlichen Geschmack."

Suppe aus gerösteten Pastinaken mit Senf-Muskat-Creme

Für 4 Personen
Vorbereitung: 10 Minuten
Garzeit: 35 Minuten

Ich bin in Frankreich in einer Zeit aufgewachsen, in der Pastinaken merkwürdigerweise mehr und mehr von den Märkten verschwanden. Jetzt erleben sie ihre Renaissance als vergessenes Gemüse. Als ich nach England zog, waren sie für mich eine echte Geschmacksentdeckung. Ebenso wie Karotten schmecken auch Pastinaken herrlich, wenn sie geröstet werden. Daher verwende ich hier dieselbe Gartechnik wie bei der Röstkarottensuppe (siehe Seite 57).

Zutaten

1 kg Pastinaken
1 Zwiebel
2 EL Olivenöl
Salz und Pfeffer

Zum Servieren

125 g Sahne
1 EL grobkörniger Senf
1/4 TL frisch geriebene Muskatnuss

Zubereitung

Den Backofen auf 200 °C vorheizen.

Die Pastinaken waschen, schälen, vierteln und den Wurzelansatz entfernen. Die abgeschälten Teile in einen Topf (3 l Inhalt) geben. Die äußere braune Schale der Zwiebeln entfernen, da sie der Brühe einen bitteren Geschmack verleihen würde, die weiche äußere Haut, die man gemeinhin vor dem Zerkleinern der Zwiebel entfernt, jedoch mit in den Topf geben. Pastinaken- und Zwiebelschalen mit 1,5 l Wasser bedecken, zum Kochen bringen und 30 Minuten köcheln.

In der Zwischenzeit die Zwiebel in Spalten schneiden und diese mit den Pastinakenvierteln auf ein Backblech geben. Mit dem Olivenöl beträufeln und 30 Minuten im vorgeheizten Ofen backen. Nach der Hälfte der Garzeit wenden und mit Salz und Pfeffer würzen. Aus dem Ofen nehmen und leicht abkühlen lassen. Die Pastinakenbrühe vom Herd nehmen, abkühlen lassen und abseihen. Die Siebrückstände wegwerfen.

Ein Drittel der Pastinaken mit etwa 400 ml Pastinakenbrühe in einen Mixer geben und glatt pürieren. Ebenso mit den restlichen Pastinaken und der restlichen Brühe verfahren. Die pürierte Suppe in einen Topf geben und mit Salz und Pfeffer würzen. Noch etwas Brühe hinzugießen, falls die Suppe zu dick ist. Sanft erhitzen.

Sahne, Senf und Muskat gut verrühren. Die Suppe zum Servieren in Suppenteller füllen und mit je 1 Esslöffel Senf-Muskat-Creme servieren.

Zwiebelcremesuppe mit Worcestersauce

Für 4 Personen
Vorbereitung: 15 Minuten
Garzeit: 1 Stunde und 15 Minuten

Die Zwiebelsuppe erhält durch die Zugabe von Sahne einen herrlichen cremigen Geschmack, der von der Worcestersauce abgerundet wird. Die Sahne hebt zudem das Aroma der Zwiebeln hervor. Je nach Vorliebe können Sie auch mehr Worcestersauce zugeben.

Zutaten

1 kg Zwiebeln
50 g Butter
3 EL Olivenöl
2 Tomaten
1 TL Zucker
3 Knoblauchzehen, zerdrückt
Salz und Pfeffer
1 1/2 EL Worcestersauce (nach Belieben etwas mehr)
250 g Sahne

Zum Servieren

geröstetes Brot

Zubereitung

Die Zwiebeln schälen, halbieren und in feine Ringe schneiden. Butter und Öl in einem Topf (3 l Inhalt) auf mittlerer Stufe erhitzen und die Zwiebeln darin 2–3 Minuten unter Rühren weich dünsten. Achtgeben, dass sie nicht anbrennen.

Die Tomaten in einer kleinen Schüssel mit kochendem Wasser übergießen und 1 Minute ziehen lassen. Abgießen und unter kaltem Wasser abschrecken, bis sie etwas abgekühlt sind. Dann häuten und Strunk und Kerne entfernen. Grob hacken und mit Zucker und Knoblauch zu den Zwiebeln geben.

Den Deckel aufsetzen und die Tomaten-Zwiebel-Mischung 30 Minuten sanft köcheln. Darauf achten, dass nichts anbrennt. Die Zwiebeln sollten langsam geschmort und goldgelb werden. Bei Bedarf die Hitze anpassen und weitere 10 Minuten schmoren. Mit Salz, Pfeffer und Worcestersauce würzen und abgedeckt weitere 10 Minuten köcheln. 800 ml Wasser zugießen und halb abgedeckt 20 Minuten köcheln.

Die Suppe vom Herd nehmen und 10 Minuten leicht abkühlen lassen. Teilweise mit einem Stabmixer pürieren, die Suppe sollte noch stückig sein. Die Sahne hinzufügen und alles gründlich vermengen. Abschmecken und bei Bedarf mehr Worcestersauce hinzufügen.

Mit Brot servieren.

TAYLOR
STAINLESS

Salatsuppe mit Pancetta

Liegen noch leicht verwelkte Salatreste in Ihrem Kühlschrank? Dann werfen Sie sie nicht weg, sondern machen Sie eine Suppe daraus! Kopf-, Batavia- oder Eichblattsalat sowie Radicchio und Rucola – alles kann hier zum Einsatz kommen. Je größer die Vielfalt, desto interessanter die Suppe.

Für 4 Personen
Vorbereitung: 15 Minuten
Garzeit: 40 Minuten

Zutaten

2 EL Olivenöl
150 g geräucherte Pancetta (italienischer Bauchspeck), in kleine Streifen geschnitten
1 Zwiebel, fein gehackt
150 g Selleriestange, fein gehackt
250 g Kartoffeln, geschält und gewürfelt
frisch gemahlener schwarzer Pfeffer
40 g Parmesanrinde
250 g Salatblätter, grob gehackt
150 g Mettenden, in Scheiben geschnitten

Zubereitung

1 Esslöffel Olivenöl in einem Topf (3 l Inhalt) erhitzen. Die Pancetta darin 2 Minuten leicht knusprig braten. Das Gemüse hinzufügen und 6–7 Minuten weich dünsten. Pfeffern, aber nicht salzen, da die Brühe durch Pancetta und Parmesan bereits recht salzig wird. 1,3 l Wasser zugießen, zum Kochen bringen, die Parmesanrinde hinzufügen und halb abgedeckt 30 Minuten köcheln.

Das verbliebene Öl in einer großen Pfanne erhitzen und die Salatblätter darin 2 Minuten pfannenrühren. Leicht mit Salz und Pfeffer würzen. Salat und Mettenden in die Suppe geben und 5 Minuten mitköcheln.

Vom Herd nehmen und die Parmesanrinde entfernen.

Tipp

Parmesanrinde aufbewahren und zum Aromatisieren von Suppen verwenden. Einige Tage in Olivenöl eingelegt, ergibt sich überdies ein köstliches Parmesanöl.

Großmutters Gemüsesuppe mit Brunnenkressebutter

Für 4 Personen
Vorbereitung: 15 Minuten
Garzeit: 50 Minuten

Nichts macht glücklicher als eine Gemüsesuppe nach Großmutters Art. Auch hier bereite ich die Brühe aus Gemüseschalen und -abschnitten zu, doch bei Zeitnot tut es auch einfaches Wasser. Brunnenkressebutter ist superleicht herzustellen und als Garnierung für eine Gemüsesuppe einfach ideal.

Suppe

1 große Zwiebel
125 g Karotten
125 g Porree
1 Selleriestange
150 g Steckrüben
200 g Kartoffeln
2 EL Olivenöl
Salz und schwarzer Pfeffer

Brunnenkressebutter

30 g Brunnenkresse, dicke Stiele entfernt
70 g weiche Butter
Salz und schwarzer Pfeffer

Zubereitung

Das Gemüse waschen, putzen und schälen. Schalen und Abschnitte in einen Topf (3 l Inhalt) geben, mit 1,3 l Wasser bedecken und halb abgedeckt 30 Minuten köcheln.

Derweil das geschälte Gemüse fein hacken und beiseitestellen.

Für die Brunnenkressebutter die Kresse fein hacken, zur Butter geben und mit einer Gabel gut verrühren. Mit Salz und frisch gemahlenem schwarzem Pfeffer würzen. In den Kühlschrank stellen.

Das Öl in einem Topf (3 l Inhalt) erhitzen und das Gemüse darin 10–12 Minuten weich dünsten. Großzügig mit Salz und Pfeffer würzen. Die Brühe durch ein Sieb gießen, zum Gemüse geben und zum Kochen bringen. Die Siebrückstände wegwerfen. Die Hitze reduzieren und die Suppe 30 Minuten halb abgedeckt köcheln.

Sie können die Suppe entweder stückig servieren oder teilweise mit einem Stabmixer pürieren. Auf Suppenteller verteilen und mit einem Löffel Brunnenkressebutter, der langsam in der Suppe schmilzt, servieren.

Cremige Porree-Pekannuss-Suppe

Für 4–6 Personen
Vorbereitung: 10 Minuten
Garzeit: 35 Minuten

Leider werden Pekannüsse viel zu selten in herzhaften Speisen eingesetzt. Sie verleihen dieser Porreesuppe einen schönen herbstlichen Geschmack. Pekannüsse werden schnell ranzig, bewahren Sie sie daher in einem luftdicht verschließbaren Behälter auf. Im Schrank sind sie 3 Monate, im Kühlschrank 6 Monate und im Gefrierfach bis zu 2 Jahre haltbar.

Zutaten

2 EL Olivenöl
500 g Porree, fein gehackt
Salz und Pfeffer
40 g Arborioreis (Risottoreis)
80 g Pekannüsse
600 ml Milch

Zubereitung

Das Öl in einem Topf (3 l Inhalt) auf mittlerer Stufe erhitzen und den Porree darin 2 Minuten anbraten. Bei reduzierter Hitze 10 Minuten unter gelegentlichem Rühren weitergaren. Nach der Hälfte der Garzeit mit Salz und Pfeffer würzen.

Reis und Nüsse hineingeben, dann Milch und 750 ml Wasser angießen. Die Suppe zum Köcheln bringen, aber nicht kochen, und 30 Minuten sehr sanft köcheln lassen. Keine Sorge, wenn die Milch durch die Hitze gerinnt, sie wird durch das Pürieren wieder cremig.

Servieren Sie diese Suppe ganz oder teilweise püriert. In beiden Fällen lassen Sie die Suppe leicht abkühlen, um sich selbst nicht an eventuellen Spritzern zu verbrennen. Für ein cremig-feines Ergebnis die Suppe in drei Portionen im Mixer fein pürieren. Soll noch ein wenig Biss erhalten blieben, die Suppe nur teilweise mit einem Stabmixer pürieren. Es ist nämlich ein besonderer Genuss, auf die in der Brühe aufgeweichten, süßlichen Pekannüsse zu beißen.

Tipp

Genau wie Zwiebelsuppe hält sich auch Porreesuppe nicht lange. Reste sollten daher eingefroren werden.

„Da sie sehr reichhaltig ist, sollte diese Suppe in kleinen Portionen serviert werden."

Power-Lunch

Viel sättigender und nahrhafter als ein Sandwich ist mittags eine Portion heiße Suppe. In eine Thermosflasche abgefüllt, lassen sich Suppen nicht nur mit ins Büro nehmen – auch auf Reisen sind sie perfekt.

Bei den folgenden Suppen steht die optimale Versorgung mit Nährstoffen im Vordergrund, damit Sie für den Rest des Tages gut gerüstet sind. Suppen machen es einem leicht, eine gesunde Ernährung abwechslungsreich zu gestalten. Frische Sprossen kann man als Garnierung verwenden, Nudeln durch braunen Reis austauschen oder einer Pilzsuppe mit Maronen und Haferflocken mehr Gehalt geben. Ich verrate Ihnen hier auch meine Geheimwaffe gegen Erkältung: Tomatensuppe mit Hühnerbrühe, Knoblauch und Ingwer.

Der zweite Teil dieses Kapitels ist Suppenrezepten für eine Person gewidmet. Die schnelle Zubereitung macht diese Suppen so besonders. Für Singles sind die kleinen Portionen ebenfalls ein Segen, denn wer hat schon Lust, für sich allein einen ganzen Topf Suppe zuzubereiten? Auch hier liegt der Schwerpunkt auf einem hohen Nährwert, der durch den Einsatz von hochwertigen Zutaten wie Brokkoli, roten Linsen, roter Paprika oder Quinoa erreicht wird. Alle Suppen sind vegetarisch, können aber mit übrig gebliebenem Hühnerfleisch, frischem Fisch oder Räucherfisch ergänzt werden.

Minestrone mit Reis, Salbei & Zitronengras

Für 4 Personen
Vorbereitung: 20 Minuten
Garzeit: ca. 1 Stunde

Mit Naturreis und den Aromen von Salbei und Zitronengras in dieser Minestrone erhalten Sie einen Energie-Kick, der Sie problemlos über den Tag retten wird. Die Minestrone lässt sich auch in Portionsbehältern einfrieren und ganz nach Belieben mit ein wenig Wurst, Fleisch oder Garnelen variieren.

Zutaten

1 Zwiebel
1 kleine Karotte
1 kleine Porreestange
1 große Selleriestange
1 kleine Zucchini
50 g Grünkohl oder Schwarzkohl
100 g Brokkoli
8–10 frische Salbeiblätter
fein abgeriebene Schale von ½ Zitrone
3 EL frisch geriebener Parmesan
2 EL Olivenöl
Salz und Pfeffer
40 g Naturreis
1 vollreife Tomate, gehackt
200-g-Dose Borlottibohnen (oder eine andere Bohnensorte), abgespült und abgetropft

Zum Servieren

natives Olivenöl extra

Zubereitung

Das Gemüse gut waschen, die Zwiebel putzen und schälen (die äußere braune Schale wegwerfen, da sie der Brühe einen bitteren Geschmack verleiht). Die Karotte schälen und den Porree putzen. Sellerie und Zucchini ebenfalls putzen. Alle Schalen und Abschnitte für die Brühe in einen Topf (3 l Inhalt) geben, mit 1,5 l Wasser bedecken und 30 Minuten köcheln.

Derweil das geputzte Gemüse sowie Grünkohl und Brokkoli fein hacken. Die Salbeiblätter fein hacken und mit Zitronenschale und Parmesan mischen.

1 Esslöffel Olivenöl in einem zweiten Topf (3 l Inhalt) erhitzen. Zwiebel, Karotte, Porree und Sellerie darin 15 Minuten sanft schmoren. Nach der Hälfte der Garzeit mit Salz und Pfeffer würzen. Nun müsste auch die Brühe fertig sein.

Reis und gehackte Tomate zum Gemüse geben, die Brühe durch ein Sieb in den Topf geben und alles halb abgedeckt 25 Minuten köcheln.

Den Brühetopf säubern und darin das restliche Olivenöl erhitzen. Grünkohl, Zucchini und Brokkoli hineingeben und 2 Minuten pfannenrühren. Zusammen mit den Bohnen und der Salbeimischung in die Suppe geben. Weitere 2 Minuten köcheln. Das grüne Gemüse sollte noch etwas Biss haben. Nun ist die Suppe servierfertig. Mit einem Spritzer Olivenöl servieren.

Röstkarottensuppe mit Sprossenpesto

Für 4 Personen
Vorbereitung: 20 Minuten
Garzeit: 45–60 Minuten

Während der Arbeit an diesem Buch testete ich verschiedene Garmethoden für Karotten und fand das Aroma gerösteter Karotten besonders köstlich. Für noch mehr Karottengeschmack bereite ich aus den Schalen eine Brühe zu. Gemischte Sprossen findet man in Bio-Läden und auch in vielen Supermärkten. Sie können Sie aber auch selbst ziehen.

Suppe

850 g Karotten
1 Zwiebel
4 ungeschälte Knoblauchzehen
2 Streifen Orangenschale à 5 cm
1 TL Koriandersamen
1 EL Olivenöl
Salz und Pfeffer

Sprossenpesto

50 g Sprossenmix
80 g Oliven mit Paprikafüllung
1 EL Pinienkerne
20 g frische Basilikumblätter
Salz und Pfeffer
1–2 EL Olivenöl

Tipp

Sprossen oder Keimlinge sind nicht nur für Salate geeignet – sie machen sich auch gut als leckere und nahrhafte Suppengarnierung.

Zubereitung

Den Backofen auf 180 °C vorheizen. Die Karotten waschen, schälen und in Stücke schneiden. Die Zwiebel schälen, in dünne Spalten schneiden und mit den Karottenstücken auf ein Backblech geben. Knoblauchzehen und Orangenschalen hinzufügen, mit den Koriandersamen bestreuen und mit dem Olivenöl beträufeln. Im vorgeheizten Ofen 40 Minuten backen. Derweil Karotten- und Zwiebelschalen sowie die Abschnitte in einen Topf geben, mit 1,5 l Wasser auffüllen und 40 Minuten kochen.

Für das Sprossenpesto Sprossen, Oliven, Pinienkerne, Basilikum sowie Salz und Pfeffer in einer Küchenmaschine einige Sekunden zerkleinern. Der Pesto soll nicht zu fein sein. Die Mischung in eine Schüssel füllen und mit dem Olivenöl verrühren (1 oder 2 Esslöffel, je nach Geschmack). Bis zur Verwendung abgedeckt beiseitestellen.

Das Röstgemüse mit Salz und Pfeffer würzen und 15 Minuten abkühlen lassen. Die Brühe abseihen und ebenfalls abkühlen lassen. Die Orangenschalen wegwerfen. Die Knoblauch-zehen auf ein Schneidebrett legen, den weichen Inhalt mit einem Löffelrücken herausdrücken und in die Brühe geben. Die Hälfte des Röstgemüses mit 500 ml Brühe im Mixer fein pürieren. Durch ein Sieb in einen großen Topf geben. Ebenso mit dem Rest verfahren. Jedes Mal prüfen, ob mehr oder weniger Brühe benötigt wird. Die Suppe sollte die Konsistenz von dickflüssiger Sahne haben. Die Siebrückstände wegwerfen.

Die Suppe sanft erhitzen und mit dem Sprossenpesto servieren.

Pilz-Maronen-Suppe

Für 4 Personen
Vorbereitung inklusive Zubereitung der Brühe: 1–2 Stunden

Diese Suppe ist nicht nur köstlich, sie ist durch die Maronen und die Hühnerbrühe zudem sehr nahrhaft. Maronen kann man fertig gegart und vakuumverpackt im Supermarkt kaufen. Für schnelle Suppen sind sie daher perfekt. Durch die Parmesanrinde erhält die Suppe eine ganz raffinierte Note. Für noch mehr Käsegeschmack servieren Sie die Suppe mit geriebenem Parmesan.

Zutaten

10 g getrocknete Steinpilze
2 EL Olivenöl
1 Zwiebel, fein gehackt
500 g gemischte Pilze (braune Champignons, Riesenchampignons, Pfifferlinge), in Scheiben geschnitten
1 Knoblauchzehe, zerdrückt
30 g Haferflocken
200 g vorgegarte, vakuumverpackte ganze Maronen, geröstet
1 l Hühnerbrühe oder dunkle Gemüsebrühe (siehe Seite 114 oder 119)
30 g Parmesanrinde
Salz und Pfeffer
frisch geriebener Parmesan

Zubereitung

Die Steinpilze in 250 ml Wasser einweichen. Das Öl in einem Topf (3 l Inhalt) erhitzen und die Zwiebel darin 2 Minuten glasig dünsten. Die frischen Pilze hinzufügen und bei hoher Hitze 5 Minuten pfannenrühren, bis die Pilze gar sind und die Flüssigkeit verdampft ist. Knoblauch und Haferflocken hineingeben und 30 Sekunden pfannenrühren. Die Maronen im Backofen bei 220 °C oder in einer Pfanne rundum anrösten.

Die eingeweichten Steinpilze samt Einweichwasser sowie Maronen und Hühnerbrühe hinzufügen. Alles zum Kochen bringen, den aufsteigenden Schaum abschöpfen, die Hitze reduzieren und die Parmesanrinde hineingeben. 20 Minuten halb abgedeckt köcheln lassen.

Etwa 350 ml der Suppenmischung im Mixer pürieren und zurück in die Suppe geben. Dadurch dickt die Suppe an, ohne die schönen Pilz- und Maronenstücke zu verlieren, die ihr den herrlichen Biss verleihen.

Die Parmesanrinde herausheben – dabei sind 2 Esslöffel nötig, da sie sehr weich und klebrig ist – und entsorgen. Die Suppe mit Salz und Pfeffer abschmecken und mit frisch geriebenem Parmesan servieren.

Zitronengrassuppe mit Ingwer-Garnelen-Klößen

Für 4 Personen
Vorbereitung:
15–20 Minuten
Garzeit: 30 Minuten

Eine Thai-Suppe hat immer einen großartigen Wohlfühlfaktor. Das liegt an der leichten Brühe und den klaren, frischen Aromen. Auch wenn das Rezept recht lang ist, ist die Suppe ist einfach zuzubereiten. Die meiste Zeit nimmt das Auslösen der Garnelen in Anspruch. Wegen ihres pfeffrigen Geschmacks, der gut mit den weiteren Aromen harmoniert, füge ich als gesundes Extra noch Brunnenkresse hinzu.

Zutaten

500 g ganze rohe Riesengarnelen (Tiger Prawns)

Brühe

2 EL Sonnenblumenöl
30 g Schalotten, fein gehackt
6 Frühlingszwiebeln, in Ringe geschnitten
1 Selleriestange, gehackt
1 frische Thai-Chili, aufgeschlitzt
2 Zitronengrasstängel, fein gehackt
3 Limettenblätter
Fischsauce, zum Würzen

Ingwer-Garnelen-Klöße

ausgelöste Garnelen (siehe oben)
2 TL frisch geriebene Ingwerwurzel
3 Frühlingszwiebeln
Eiweiß von 2 kleinen Eiern
1–1½ EL thailändische Fischsauce
½ frische Thai-Chili, fein geschnitten und eventuell entkernt

Suppe

1 EL Sonnenblumenöl
3 Frühlingszwiebeln, fein geschnitten
150 g Zuckererbsen, grob geschnitten
50 g Brunnenkresse
Limettenspalten

Zubereitung

Zunächst die Garnelen auslösen und die Schalen und Köpfe beiseitelegen. Für die Brühe das Öl in einem Topf (3 l Inhalt) erhitzen. Schalotten, Frühlingszwiebeln, Sellerie, Chili, Zitronengras und Limettenblätter darin 2 Minuten pfannenrühren, bis das Gemüse gar ist. Die Garnelenschalen und -köpfe hinzufügen und bei mittlerer Hitze 5 Minuten braten, bis sie Farbe angenommen haben. Dabei ständig rühren, damit die Zutaten nicht am Topfboden anhaften. Gut mit Fischsauce würzen (8–9 Spritzer aus der Flasche) und mit 1,3 l Wasser ablöschen. Die Suppe zum Kochen bringen, aufsteigenden Schaum abschöpfen, die Hitze reduzieren und 15–20 Minuten köcheln.

Derweil die Ingwer-Garnelen-Klöße zubereiten. Ausgelöste Garnelen, Ingwer, Frühlingszwiebeln und Eiweiß in einer Küchenmaschine fein pürieren. Dabei entsteht eine feuchte, sehr weiche Masse. Fischsauce und gehackte Chili hinzufügen und weiterpürieren. Wünschen Sie es eher scharf, geben Sie die Chilikerne mit hinzu. Für nur leichte Schärfe lassen Sie die Kerne weg. Aus der Garnelenmasse mit 2 Löffeln kastaniengroße Kugeln formen und auf einen Teller legen. Sie erhalten 18–20 Kugeln.

Die Brühe durch ein Sieb in eine Schüssel geben und beiseitestellen. Die Siebrückstände wegwerfen. Für die Suppe das Öl in einem Topf (3 l Inhalt) erhitzen. Frühlingszwiebeln und Zuckererbsen darin 2 Minuten pfannenrühren. Die Brühe zugießen und alles sanft zum Köcheln bringen. Die Klöße hineingeben und 4 Minuten gar ziehen lassen. Nicht kochen, sonst reißen die Klöße auf. Die Brunnenkresse hinzufügen und den Topf vom Herd nehmen. 1 Minute durchziehen lassen und mit Limette servieren.

Tomatensuppe mit Hühnerbrühe, Knoblauch & Ingwer

Für 4 Personen
Vorbereitung inklusive Zubereitung der Brühe: 2 Stunden

In vielen Kulturen gelten Hühnerbrühe, Ingwer und Knoblauch als Heilmittel bei Erkältung. Daher habe ich all diese Zutaten in einer delikaten Tomatensuppe vereint. Immer, wenn eine Erkältung im Anflug ist, esse ich diese Suppe, und sie hat stets gewirkt. Ausschlaggebend sind allerdings eine große Menge Knoblauch und eine selbst gemachte Brühe. Die Tomaten gare ich ganz langsam, damit sich der Geschmack optimal konzentriert. Zusätzlich zu ihrer heilsamen Wirkung ist die Suppe einfach köstlich.

Zutaten

1,5 kg Tomaten
1 große Knoblauchknolle, in ungeschälte Zehen zerteilt
4 EL Olivenöl, plus etwas mehr zum Anbraten
1 große Zwiebel, in feine Ringe geschnitten
1½ EL frisch geriebene Ingwerwurzel
½ TL Zucker
Salz und Pfeffer
1,3 l Hühnerbrühe (siehe Seite 114)
150 g Sauerteigbrot, in 2½ cm große Stücke geschnitten

„Frieren Sie eine Portion dieser Suppe für einen regnerischen Tag ein, wenn ein Schnupfen im Anmarsch ist."

Zubereitung

Den Backofen auf 150 °C vorheizen. Die Tomaten halbieren und mit einem Löffel entkernen. Ein großes Backblech mit Backpapier auslegen und die Tomaten mit der Schnittseite nach unten darauflegen. Mit den Knoblauchzehen bestreuen und mit etwas Olivenöl beträufeln. 1½ Stunden im vorgeheizten Ofen backen, bis die Tomaten runzlig geworden sind. Aus dem Ofen nehmen und leicht abkühlen lassen. Ein Sieb über eine Schüssel setzen. Die Tomaten mit den Schnittflächen nach unten darin ausdrücken und so viel Saft wie möglich auspressen. Tomaten und Saft beiseitestellen.

Derweil etwas Olivenöl in einem Topf (3 l Inhalt) auf mittlerer Stufe erhitzen und die Zwiebelringe darin 10–12 Minuten weich dünsten, bis sie leicht braun werden. Ingwer und Zucker hinzufügen und 1 Minute mitdünsten, bis alles langsam am Topfboden anhaftet. Den aufgefangenen Saft der Tomaten hineingießen und den Bratensatz vom Boden lösen.

Die ausgepressten Tomaten mit zwei Gabeln häuten, dies sollte recht einfach gehen. Die Tomaten in den Suppentopf geben. Das Fruchtfleisch aus den Knoblauchzehen drücken und in die Suppe geben. Den ausgetretenen Garsud vom Backblech in den Topf gießen und die Suppe mit Salz und Pfeffer würzen. Die Hühnerbrühe zugießen, alles zum Köcheln bringen und 15 Minuten köcheln.

Rösten Sie das Brot, bis es beidseitig goldbraun und knusprig ist. Das Brot auf die Suppenschalen verteilen, mit Suppe begießen und servieren.

Schnelle Suppen für eine Person

Manchmal ist es schwierig, eine Suppe zum Mittagessen nur für sich selbst zuzubereiten. Man muss sich den Abend zuvor extra Zeit zum Kochen nehmen und hat für die Reste vielleicht auch nicht genügend Platz im Gefrierfach. Verschwenden möchte man aber auch nichts. Daher habe ich die restlichen Rezepte in diesem Kapitel Suppen gewidmet, die nur für eine Person berechnet sind. Manche sind sogar in Windeseile zubereitet.

Rote Linsensuppe mit Porree, Orange & Spinat

Für 1 Person
Vorbereitung: 5 Minuten
Garzeit: 15 Minuten

Dieses köstliche Süppchen kann man sogar noch schnell vor der Arbeit zubereiten. Ergänzt um einige gebratene Lachsstücke wird es ein rundum gesundes Mahl.

Zutaten

2 TL Olivenöl
80 g Porree, in feine Ringe geschnitten
1/2 TL Currypulver
30 g rote Linsen
Saft von 1 großen Orange (100 ml)
40 g frischer Spinat

Zubereitung

Das Öl in einem Topf auf mittlerer Stufe erhitzen und den Porree darin 3 Minuten unter ständigem Rühren weich dünsten, bis er anbräunt.

Das Currypulver hinzufügen und einige Sekunden mitdünsten. Die Linsen hineingeben und rühren, bis sie gut von der Gewürzmischung bedeckt sind. 300 ml Wasser zugießen und die Suppe abgedeckt 5 Minuten köcheln.

Den Orangensaft zugießen und abgedeckt weitere 7 Minuten köcheln. Nun sollte die Suppe recht sämig sein. Den Spinat hinzufügen und nur 1 Minute mitköcheln, bis er zusammenfällt.

Das war's schon.

„Gönnen Sie sich eine hochwertige Thermoskanne, um Ihre Suppe bis zur Mittagszeit heiß zu halten."

GB
KYF
189D

Erbsensuppe mit Brunnenkresse & Pinienkernen

Für 1 Person
Vorbereitung: 5 Minuten
Garzeit: 25 Minuten

Untersuchungen haben gezeigt, dass Tiefkühlerbsen häufig frischer sind und mehr Vitamine enthalten als Erbsen in Hülsen, die schon wer weiß wie lange im Supermarkt liegen. Zudem sind Tiefkühlerbsen enorm praktisch für eine schnelle Suppe. Diese Suppe püriere ich mit einem Stabmixer – ein wirklich nützliches Werkzeug.

Zutaten

1 TL Olivenöl
1 EL fein gehackte Schalotten
1 kleine Knoblauchzehe, zerdrückt
30 g Pinienkerne
200 g Erbsen, Tiefkühlware
Salz und Pfeffer
20 g Brunnenkresse, grob gehackt

Zubereitung

Das Öl in einem Topf erhitzen. Schalotten und Knoblauch darin 1–2 Minuten weich dünsten, bis sie eine leichte Braunfärbung annehmen. Die Pinienkerne hinzufügen und unter ständigem Rühren hellgoldgelb rösten. Die gefrorenen Erbsen hineingeben und 1 Minute mitdünsten. Mit Salz und Pfeffer würzen, 350 ml Wasser angießen und alles zum Kochen bringen. Dann bei reduzierter Hitze 8 Minuten köcheln.

Die Brunnenkresse unterrühren, den Topf vom Herd nehmen und 10 Minuten ziehen und leicht abkühlen lassen. Die Suppe grob mit einem Stabmixer pürieren und achtgeben, dass Sie sich nicht an den Spritzern verbrühen. Die Suppe sollte noch einige Stücke enthalten, damit sie ihren Biss nicht verliert. Falls Sie keinen Stabmixer besitzen, verwenden Sie einen Kartoffelstampfer.

„Einen Stabmixer können Sie für viele der pürierten Suppen in diesem Buch einsetzen und haben so auch weniger zu spülen."

Mandelmilch-Suppe mit Blumenkohl & Bohnen

Für 1 Person
Vorbereitung: 10 Minuten
Garzeit: 30 Minuten

Mandelmilch ist eine wundervolle Alternative zu Kuhmilch. Sie ist sehr nahrhaft und hat ein wunderbar feines Aroma. Bereiten Sie die würzige Milch schon einen Tag im Voraus zu, damit die Zubereitung schneller geht.

Zutaten

80 g gehackte Mandeln
1/2 kleine Zwiebel, gespickt mit 1 Gewürznelke
1 Frühlingszwiebel, halbiert
1 kleines Lorbeerblatt
1/2 TL Senfkörner
3 schwarze Pfefferkörner
2 TL Olivenöl
1/2 Knoblauchzehe, zerdrückt
100 g Blumenkohl, fein gehackt
50 g grüne Bohnen, in 1 cm große Stücke geschnitten

Zubereitung

Eine kleine Pfanne auf mittlerer Stufe erhitzen und die Mandeln darin 5 Minuten goldgelb rösten. Mit 400 ml Wasser im Mixer fein pürieren. Sofort durch ein Sieb in einen Topf passieren. Rühren und gut ausdrücken, um so viel Flüssigkeit wie möglich auszupressen. Die Mandelpaste aus dem Sieb in eine Schale geben und beiseitestellen. Zwiebel, Frühlingszwiebel, Lorbeerblatt, Senf- und Pfefferkörner zur Mandelmilch in den Topf geben. Aufkochen, dann bei reduzierter Hitze 15 Minuten köcheln.

Die Milch durch ein feinmaschiges Sieb in eine Schüssel passieren. Die Siebrückstände wegwerfen. Den Topf säubern und zurück auf den Herd stellen. Das Öl erhitzen und den Knoblauch darin 30 Sekunden anbraten, bis er goldgelb, jedoch nicht angebräunt ist. Das zerkleinerte Gemüse hinzufügen. Etwa 1 Minute pfannenrühren, bis das Gemüse gut vom Knoblauchöl umzogen ist. Die Mandelmilch zugießen und alles zum Kochen bringen. Dann bei reduzierter Hitze 10–12 Minuten köcheln.

Die Suppe leicht abkühlen lassen, dann einige Sekunden mit einem Stabmixer pürieren. Durch das teilweise Pürieren wird der Geschmack der Suppe intensiviert und sie erhält eine seidige, sämigere Konsistenz. Etwas von der beiseitegestellten Mandelpaste hinzufügen, sanft erhitzen und servieren.

Tipp

Die verbliebene Mandelpaste können Sie auch für andere Suppen verwenden oder sogar für Kuchenteige.

Brokkoli-Fenchel-Suppe mit Räuchermakrele

Für 1 Person
Vorbereitung: 5 Minuten
Garzeit: 20 Minuten

Da Brokkoli zu den besonders gesunden Lebensmitteln zählt, darf eine Brokkolisuppe hier natürlich nicht fehlen. Um der Suppe einen besonderen Pfiff zu verleihen, habe ich Fenchel zugefügt. Weil Brokkoli beim langen Kochen in der Suppe seinen wundervollen Geschmack verlieren würde, gare ich die Röschen separat. Mit Räuchermakrele als Beigabe ist das Süppchen ein gesundes Mittagsgericht.

Zutaten

125 g Brokkoli
2 TL Olivenöl
1/2 kleine Zwiebel
80 g Fenchel, grob zerkleinert
1/2 EL Arborioreis (Risottoreis)
50 g Räuchermakrele, zerpflückt
Bauernbrot

Zubereitung

Die Röschen vom Brokkolistrunk abtrennen und fein hacken. In einer Schüssel beiseitestellen. Den Strunk dick abschälen und das Innere fein hacken.

Das Öl in einem Topf (1 l Inhalt) auf mittlerer Stufe erhitzen. Zwiebel, Fenchel und Brokkolistrunk darin 3 Minuten weich dünsten, bis sie leicht braun werden. Dabei gelegentlich umrühren. Auf den Fenchel achtgeben, da er stärkehaltig ist und schnell am Topfboden anhaftet. Reis und 350 ml Wasser hinzufügen, zum Kochen bringen und 20 Minuten halb abgedeckt sanft köcheln lassen.

Derweil Wasser in einem kleinen Topf zum Kochen bringen. Die gehackten Brokkoliröschen darin 1–2 Minuten garen. Abgießen und unter kaltem Wasser abschrecken, um den Garprozess zu stoppen.

Die Suppe vom Herd nehmen und 10 Minuten abkühlen lassen. Suppe und Brokkoliröschen im Mixer glatt pürieren.

Die Suppe zurück in den Topf gießen und sanft erhitzen. Mit Makrelenstücken und Brot servieren.

Gemüsesuppe mit Quinoa & Salzzitrone

Für 1 Person
Vorbereitung: 10 Minuten
Garzeit: 15 Minuten

Quinoa wird zwar meist als Getreide eingestuft, in Wirklichkeit handelt es sich aber um die Samen einer krautigen Pflanze aus der Familie der Fuchsschwanzgewächse. In ihrem Ursprungsland Südafrika wird Quinoa schon seit 5000 Jahren verzehrt. Ihre Konsistenz ist interessant. Sie ist weich und cremig, hat aber im Inneren ein wenig Biss. Da sie einen hohen Eiweißanteil aufweist, ist sie inzwischen weltweit sehr populär geworden und auch bei uns in Bio- und Drogeriemärkten oder Reformhäusern erhältlich. Eine weitere Zutat in dieser Suppe ist Salzzitrone. Diese ganzen, in Salz eingelegten Zitronen findet man in Feinkostläden oder orientalischen Lebensmittelgeschäften. In Suppen schmecken sie ganz wundervoll.

Zutaten

1 TL Olivenöl
100 g braune Champignons, gehackt
1/4 TL zerstoßene Koriandersamen
80 g Porree, in feine Ringe geschnitten
1/2 TL Ingwerpulver
1/2 TL Tomatenmark
1 EL Quinoa
50 g Bohnen aus der Dose
Salz und Pfeffer
1 in Salz eingelegte Zitrone, gehackt

Zubereitung

Das Öl in einem Topf erhitzen und die Pilze darin 2 Minuten andünsten. Die Koriandersamen hinzufügen und einige Sekunden rösten. Porree und Ingwerpulver zugeben und weitere 2 Minuten braten. Das Tomatenmark einrühren und einige Sekunden mitbraten.

Quinoa und Bohnen hinzufügen, mit Salz und Pfeffer würzen und rühren, bis alles gut von Sud und Gewürzen umzogen ist. 350 ml Wasser angießen und die Salzzitrone hineingeben. Aufkochen, dann abgedeckt bei reduzierter Hitze 15 Minuten köcheln.

„Sollten keine Salzzitronen erhältlich sein, geben Sie einfach einige Spritzer Zitronensaft in die Suppe."

Spinatsuppe mit Bockshornklee

Für 1 Person
Vorbereitung: 10 Minuten
Garzeit: 10 Minuten

Bockshornklee wird schon seit Jahrhunderten als Heilmittel eingesetzt. Er stammt ursprünglich aus der Mittelmeergegend und wurde schon von Hippokrates als wohltuend eingestuft. Von dort aus verbreitete er sich nach Indien, wo er in der ayurvedischen Medizin noch heute zur Entschlackung und Linderung von Verdauungsbeschwerden verwendet wird. Bei uns sind Bockshornkleesamen und -blätter in Asia-Shops erhältlich. Die Blätter schmecken leicht bitter und haben einen curryartigen Nachgeschmack, der perfekt zum Spinat passt. Damit harmoniert Ziegenfrischkäse ganz wunderbar. Servieren Sie ihn in der Suppe oder auf gerösteten Brotscheiben.

Zutaten

125 g Babyspinat, gewaschen
2 TL Olivenöl
1/2 kleine Zwiebel, fein gehackt
1 kleine Knoblauchzehe, zerdrückt
1/2 TL frisch geriebene Ingwerwurzel
1/4 TL Bockshornkleesamen
1/2 TL gemahlener Kreuzkümmel
1 kleine Tomate, geschält und gehackt
1/4 TL Tomatenmark (nach Belieben)
Salz und Pfeffer
1 kleine Prise Chilipulver (nach Belieben etwas mehr)
1 EL frisch gehackte Bockshornkleeblätter (nach Belieben)

Zum Servieren

Ziegenfrischkäse
geröstete Baguettescheiben

Zubereitung

350 ml Wasser in einem Topf zum Kochen bringen. Den Spinat darin 1 Minute blanchieren, dann mit einem Schaumlöffel herausheben und abtropfen lassen. Das Spinatwasser aufbewahren. Den leicht abgekühlten Spinat fein hacken.

Das Öl in einem Topf (1 l Inhalt) erhitzen und die Zwiebel darin 3 Minuten weich dünsten, bis sie Farbe annimmt. Knoblauch und Ingwer hinzufügen und 1 Minute hellgoldgelb dünsten. Die Gewürze zugeben und 1 Minute mitgaren, bis sie duften. Die gehackten Tomaten und nach Belieben das Tomatenmark unterrühren und 3 Minuten dünsten. Den Spinat hinzufügen und rühren, bis er ganz von der Gewürzmischung umzogen ist. Gut mit Salz und Pfeffer würzen und das Chilipulver hinzugeben (für mehr Schärfe mehr Pulver verwenden). Das Spinatwasser zugießen und alles abgedeckt 5 Minuten köcheln lassen.

Nach Belieben die gehackten Bockshornkleeblätter unterrühren und den Topf vom Herd nehmen. 10 Minuten abkühlen lassen, dann teilweise mit einem Stabmixer pürieren. Es sollen noch Spinatstücke enthalten sein.

Besonders lecker schmeckt diese Suppe mit gerösteten und mit Ziegenkäse bestrichenen Baguettescheiben. Sie können sie auch gratinieren. Hierzu die Käsebrote unter einem heißen Backofengrill goldgelb überbacken.

Paprika-Rotkohl-Suppe mit Safran

Für 1 Person
Vorbereitung: 15 Minuten
Garzeit: 30 Minuten

Die Kombination von roter Paprika und Rotkohl schmeckt nicht nur wundervoll, sie versorgt Sie auch mit lebenswichtigen Antioxidantien. Ich habe bei Rotkohl verschiedene Gartechniken ausprobiert, war aber mit dem Resultat nicht glücklich, bis ich herausfand, dass man ihn nicht zu lange kochen darf. Er verliert sonst seinen Geschmack. In diesem Rezept wird er nur rasch in der Pfanne gebraten und dann einige Minuten mit in die Suppe gegeben.

Zutaten

2½ TL Olivenöl
½ rote Zwiebel, in feine Ringe geschnitten
80 g rote Paprika, in feine Streifen geschnitten oder geraspelt
50 g orangefarbene Paprika, in feine Streifen geschnitten oder geraspelt
1 kleine Knoblauchzehe, zerdrückt
1 Prise Safran
125 g Rotkohl
50 ml frisch gepresster Orangensaft
½ TL Zucker
evtl. Chilisauce

Zubereitung

2 Teelöffel Öl in einem Topf (2 l Inhalt) erhitzen. Zwiebel und Paprika darin 10 Minuten anbraten. Knoblauch und Safran hinzufügen und 30 Sekunden mitbraten. 350 ml Wasser angießen, zum Kochen bringen und 15 Minuten abgedeckt köcheln lassen.

Derweil den Rotkohl fein raspeln. Das verbliebene Öl in einer kleinen Pfanne erhitzen und den Kohl darin 2 Minuten pfannenrühren. Orangensaft und Zucker hinzufügen und 3–4 Minuten köcheln, bis der Kohl weich wird. In die Suppe geben und 3 weitere Minuten köcheln. Nach Belieben mit 2–3 Spritzern Chilisauce servieren

Köstlich kalt

Kalte Suppen sind nicht nur etwas für heiße Sommertage, sie können auch ein festliches Abendessen bereichern. Zum Beispiel als kleines Häppchen, das den Gästen gereicht wird, bevor es zu Tisch geht. Zudem ist eine im Schnapsglas zum Aperitif servierte kalte Suppe definitiv gesünder als Chips oder Erdnüsse.

Man isst von einer kalten Suppe eher kleine Portionen, dementsprechend sind die Portionsgrößen in den meisten Rezepten kleiner. Einige Ausnahmen gibt es allerdings, wie die Suppen, die für Picknicks oder zum Aufwärmen gedacht sind.

Um es noch gesünder zu gestalten, gibt es bei meinen Rezepten einige Suppen ganz ohne Sahne. Sogar meine Variante der Vichyssoise mit Süßkartoffeln und Porree kommt ohne Sahne aus.

Falls Sie allerdings beim Gedanken an kalte Suppe eine Gänsehaut bekommen: Cremige Zucchini-Kurkuma-Suppe, Muschelcremesuppe mit Limettenblättern und Milchfreie Süßkartoffel-Vichyssoise lassen sich durchaus auch heiß genießen.

Knackige Radieschen-Joghurt-Suppe mit Sesamöl

Für 4–6 Personen
Vorbereitung: 15 Minuten
Garzeit: keine

Verwenden Sie für diese Suppe ganz knackig frische Radieschen. Sie sollten leuchtend rot sein und keine Risse oder Flecken aufweisen. Werfen Sie keinesfalls das Grün weg! Wickeln Sie es lieber in feuchtes Küchenpapier und füllen Sie es in einen Gefrierbeutel. So können Sie es noch für die Spargel-Radieschengrün-Suppe (siehe Seite 15) verwenden. Bereiten Sie diese Suppe möglichst direkt zum Verzehr zu, da der Joghurt ansonsten leicht gerinnt und seine Cremigkeit verliert.

Zutaten

500 g Radieschen, geraspelt
1 große Frühlingszwiebel, grob gehackt
500 g Naturjoghurt
Salz und frisch gemahlener schwarzer Pfeffer
2 TL flüssiger Honig (nach Belieben etwas mehr)
2 TL geröstetes Sesamöl (nach Belieben etwas mehr), Supermarkt oder Bio-Shop

Zum Servieren

2 TL geröstete Sesamsaat oder gemischte Saaten

Zubereitung

Zunächst die Joghurtbasis zubereiten. Hierzu 250 g Radieschenraspel, gehackte Frühlingszwiebel und 250 g Joghurt in einer Küchenmaschine fein pürieren. In eine Schüssel füllen und mit Salz, Pfeffer, Honig und Sesamöl würzen. Abschmecken und nachwürzen, falls die Suppe noch süßer sein soll oder mehr Sesamöl enthalten soll. Diese Basis muss auf jeden Fall gut gewürzt werden, da die Suppe nach der weiteren Zugabe von Joghurt und Radieschenraspel nicht mehr viel gerührt werden darf. Sie können die Basis und die Radieschen übrigens im Voraus zubereiten bzw. raspeln und bis zur Verwendung im Kühlschrank aufbewahren.

Die Joghurtbasis kurz vor dem Servieren nochmals abschmecken. Dann behutsam restlichen Joghurt und restliche Radieschenraspel unterrühren. Nicht zu lange rühren, da der Joghurt ansonsten gerinnt und die Suppe nicht so sämig und cremig wird. In kleine Schalen oder Tassen füllen, mit dem Sesam bestreuen und servieren.

„Diese Suppe ist auch ein idealer Gaumenkühler nach einem scharfen Gericht."

Cremige Zucchini-Kurkuma-Suppe

Für 4–6 Personen
Vorbereitung: 10 Minuten
Garzeit: 45 Minuten
Kühlzeit: mindestens 2 Stunden

Bereiten Sie diese Suppe im Sommer zu, wenn die Zucchini schön reif sind. Kurkuma verleiht dem Gericht eine leicht bittere Note, die herrlich mit den Zucchini harmoniert. Eine wundervolle Suppe für ein Picknick oder Sommerfest, die schon am Vortag zubereitet werden kann. Schmeckt auch warm einfach köstlich.

Zutaten

2 EL Pflanzenöl
600 g Zucchini, gewürfelt
1 Zwiebel, gewürfelt
1 TL Zucker
Salz
1 EL fein gehackte Ingwerwurzel
1 TL Senfkörner
1½ TL Koriandersamen
1 TL Kurkumapulver
25 g Basmatireis

Zum Servieren

Naturjoghurt und Zitrone

Zubereitung

Das Öl in einem Topf (3 l Inhalt) auf mittlerer Stufe erhitzen. Zucchini und Zwiebel darin unter gelegentlichem Rühren 10 Minuten dünsten. Die Flüssigkeit der Zucchini soll dabei verdampfen, ohne dass etwas am Topfboden ansetzt. Zucker und Salz hinzufügen und 1 Minute weiterdünsten. Ingwer, Gewürze und Reis hineingeben und 1 weitere Minute dünsten, bis die Gewürze zu duften beginnen. 1,2 l Wasser zugießen, zum Kochen bringen und die Suppe halb abgedeckt 30 Minuten köcheln. Ich setze den Deckel meist so auf, dass etwa 5 cm der Suppe nicht abgedeckt sind und so etwas Flüssigkeit verdampfen kann. Auf diese Weise konzentriert sich das Aroma.

Die Suppe 20 Minuten abkühlen lassen, dann in drei Portionen im Mixer fein pürieren. Vor dem Servieren einige Stunden in den Kühlschrank stellen oder 1 Stunde ins Gefrierfach. Diese Suppe schmeckt pur köstlich, ist aber auch mit einem Löffel Joghurt oder einem Spritzer Zitronensaft serviert wunderbar.

„Schmeckt an einem lauen Sommerabend auch warm köstlich."

Exotische Zitrussuppe

Für 4–6 Personen
Vorbereitung: 15 Minuten
Garzeit: 5 Minuten +
30 Minuten Kühlzeit

Die ideale Suppe an einem heißen Sommerabend, während der Fisch oder das Hühnerfleisch noch auf dem Grill brutzelt. Dieses fruchtige Süppchen ist zudem gut geeignet, um die Geschmacksnerven zwischen zwei Gängen zu neutralisieren. Um der Suppe eine leicht cremige Konsistenz zu verleihen, habe ich Agar-Agar-Flocken hinzugefügt.

Zutaten

2 Grapefruits
3 Orangen
1 große Bio-Limette
1 TL geriebene Ingwerwurzel
1 frische grüne Thai-Chili
1 EL Zucker
400 ml Wasser
1 EL Agar-Agar-Flocken
1 EL Tamari-Sojasauce (alternativ herkömmliche Sojasauce)

Zubereitung

Von der Limette die Schale abreiben. Von den übrigen Zitrusfrüchten die Schale mitsamt weißer Haut mit einem sehr scharfen Messer oder einem Sägemesser abschneiden. Die Früchte dann in eine Hand nehmen und entlang der einzelnen Segmente einschneiden, um die Filets herauszulösen. Die Filets in einen Topf geben. Aus den verbliebenen Fruchtresten mit den Händen über dem Topf so viel Flüssigkeit wie möglich ausdrücken. Limettenschale, Ingwer, Chili, Zucker und Wasser hinzufügen. Die Agar-Agar-Flocken zugeben und alles gründlich vermengen. Anschließend 5 Minuten sanft köcheln. Rühren Sie nicht zu viel, damit die Zitrusfrüchte nicht zu stark zerfallen.

Die Suppe abkühlen lassen, dann mit der Tamari-Sojasauce würzen. Sie können die Chili nun herausnehmen oder, falls es scharf werden soll, in der Suppe lassen. Vor dem Servieren mindestens 1 Stunde oder über Nacht in den Kühlschrank stellen.

Gurkencremesuppe mit Frühlingszwiebeln & Basilikum

Für 4–6 Personen
Vorbereitung: 10 Minuten
Garzeit: 5 Minuten

Diese kalte Gurkensuppe ist schnell und einfach zuzubereiten und damit ideal als improvisierte Vorspeise. Ich mag sie mit Basilikum, doch Sie können als Variation auch Kerbel, Estragon oder Dill verwenden. Am liebsten verwende ich dafür kleine, dünne Gärtnergurken, da sie mehr Aroma als große besitzen.

Zutaten

450 g Frühlingszwiebeln, gehackt
1 EL Olivenöl
Salz und Pfeffer
500 ml Milch
750 g Gärtner- oder
2 große Salatgurken, geschält und grob gehackt
50 g gehackte Basilikumblätter
100 g Sahne

Zum Servieren

Basilikumblätter

Zubereitung

Zwischen den grünen Blättern von Frühlingszwiebeln steckt, ebenso wie bei Porree, häufig Sand. Den grünen Teil daher längs halbieren und unter fließend kaltem Wasser abspülen. Die Wurzeln entsorgen und weiße und grüne Teile in dünne Ringe schneiden.

Das Öl in einer Pfanne erhitzen und die Frühlingszwiebeln darin 1–2 Minuten braten, bis sie zusammenfallen. Gut mit Salz und Pfeffer würzen, die Milch angießen und 3 Minuten köcheln. Vom Herd nehmen und abkühlen lassen.

Die Hälfte der Suppe im Mixer glatt pürieren. Die Hälfte der Gurken und das Basilikum hinzufügen und weiterpürieren. Durch ein Sieb in eine Schüssel gießen. Ebenso mit der verbliebenen Hälfte verfahren.

Die Sahne unterrühren und die Suppe 1 Stunde abkühlen lassen. Mit Basilikumblättern garniert servieren.

Rote-Bete-Joghurt-Suppe mit Koriander

Für 4–6 Personen
Vorbereitung: 10 Minuten
Garzeit: 50 Minuten + 1 Stunde zum Abkühlen

Für Suppen ist Rote Bete, die sowohl in kalten als auch in heißen Suppen köstlich schmeckt, eine fast magische Zutat. Ich empfehle Ihnen, die Rote Bete für dieses Rezept selbst zu garen. Doch wenn Ihnen die Zeit dazu fehlt, kaufen Sie die gekochte, meist vakuumverpackte. Ich serviere diese Suppe am liebs-ten mit geröstetem Brot, das mit frischem Knoblauch eingerieben und mit Olivenöl beträufelt wird. Brot lässt sich prima auf dem Holzkohlegrill rösten.

Zutaten

600 g frische Rote Bete, geschält und geviertelt
3 ungeschälte Knoblauchzehen
Salz und Pfeffer
1 EL Olivenöl
450 g Ziegenjoghurt
1 kleines Bund frischer Koriander, grob gehackt
grüne Chilisauce oder grüner Tabasco, zum Abschmecken

Zum Servieren

4 Scheiben Bauernbrot
1 große Knoblauchzehe
natives Olivenöl extra

Zubereitung

Den Backofen auf 200 °C vorheizen. Ein großes Stück Backpapier über ein ebenso großes Stück Alufolie legen und die Rote Bete auf einer Hälfte verteilen. Die Knoblauchzehen hinzufügen, mit Salz und Pfeffer würzen und mit dem Olivenöl beträufeln. Papier und Alufolie gemeinsam über das Gemüse falten und die Enden gut verschließen. Auf diese Weise gart die Rote Bete im eigenen Dampf und trocknen nicht aus. Im vorgeheizten Ofen 50 Minuten backen, dann aus dem Ofen nehmen und mindestens 1 Stunde im Paket abkühlen lassen.

Das Paket öffnen und die Bete fein hacken. Mit Salz und Pfeffer würzen und einige Minuten warten, bis die Salzkristalle sich aufgelöst haben. Die Hälfte der Roten Bete mit der Hälfte des Ziegenjoghurts, der Hälfte des Korianders und 300 ml Wasser im Mixer glatt pürieren. In eine Schüssel füllen und mit der zweiten Hälfte der Zutaten und derselben Menge Wasser ebenso verfahren. Abschmecken und die Konsistenz prüfen. Bei Bedarf mehr Wasser hinzufügen. 6–7 Spritzer grüne Chilisauce hineingeben und gut unterrühren.

Die Suppe hat eine leicht körnige Struktur. Für eine feinere Variante die Suppe durch ein feinmaschiges Sieb passieren und für einige Stunden zum Kühlen in den Kühlschrank stellen.

Kurz vor dem Servieren das Brot toasten oder am Rand eines Holzkohlegrills, wo es nicht ganz so heiß ist, rösten. Vorsicht, das Rösten geht auf dem Holzkohlegrill sehr schnell. Das Brot mit der Knoblauchzehe einreiben, mit Olivenöl beträufeln und zur Suppe servieren.

Mandelsüppchen mit Brot & Knoblauch

Für 4–6 Personen
Vorbereitung: 5 Minuten
Garzeit: 15 Minuten
+ Abkühlzeit

In Andalusien wird diese Suppe mit Mandeln zubereitet, ich verwende zusätzlich Cashew- und Pinienkerne, wodurch ein vielschichtigerer Geschmack entsteht. Die Muskatellertrauben sind eine wunderbare Einlage, doch mir schmecken auch reife, tiefrote Granatapfelkerne sehr gut.

Zutaten

200 g Ciabatta, Rinde entfernt
100 g Cashewkerne
100 g Mandelkerne
40 g Pinienkerne
1 EL Knoblauchzehen
Salz und Pfeffer
1 EL Sherry-Essig
2 EL Olivenöl

Zum Servieren

Muskatellertrauben und/oder Granatapfelkerne

Zubereitung

Den Backofen auf 180 °C vorheizen. Das Brot in 300 ml Wasser einweichen.

Cashewkerne, Mandeln und Pinienkerne auf ein mit Backpapier ausgelegtes Backblech geben und im vorgeheizten Ofen 15 Minuten rösten, dann 30 Minuten abkühlen lassen.

Den Knoblauch schälen, halbieren und gegebenenfalls den grünen Keimling entfernen. Dadurch ist die Suppe leichter zu verdauen. Den Knoblauch mit einer großen Prise Salz in einem Mörser zu einer Paste zerstoßen.

Die Hälfte der abgekühlten Kerne und die Hälfte des ausgedrückten Brotes mit der Knoblauchpaste und 225 ml Wasser im Mixer glatt pürieren. Die Hälfte des Sherry-Essigs und des Olivenöls hineingeben und weiterpürieren. In eine Schüssel füllen und mit der zweiten Hälfte der Zutaten und derselben Menge Wasser ebenso verfahren. Nochmals abschmecken.

Die Suppe kalt stellen und mit gekühlten Muskatellertrauben und/oder Granatapfelkernen servieren.

„Durch das Rösten im Ofen intensiviert sich das Aroma der Mandeln und Kerne.“

Auberginencremesuppe mit Knoblauch & Sardellenfilets

Für 4–6 Personen
Vorbereitung: 5 Minuten
Garzeit: 50–55 Minuten + 20 Minuten Abkühlzeit

Dieses Rezept ist von der Bagna cauda inspiriert, einem warmen Sardellen-Knoblauch-Dip, der im Piemont und in der Provence zu rohen Gemüsestiften serviert wird. Ich habe hier noch gebackene Auberginen hinzugefügt, um der Suppe einen maurischen Einschlag zu geben, und gerösteten Knoblauch verwendet, da dieser feiner im Geschmack ist. Knackig scharfe Radieschen finde ich als Beilage hier besonders lecker.

Zutaten

1 kg Auberginen
1 große Knoblauchknolle, in ungeschälte Zehen zerteilt
1 kleine Zitrone, geviertelt
1 große Prise Salz
1 TL Zucker
1 EL Olivenöl plus 100 ml Olivenöl
100 g Sahne
6–10 Sardellenfilets in Olivenöl
Salz und Pfeffer

Zum Servieren

1 Bund Radieschen

Zubereitung

Den Backofen auf 180 °C vorheizen. Die Auberginen halbieren und die Haut mit einem Messer einschneiden, damit die Hitze leichter eindringen kann und sie schneller garen. Auberginen, Knoblauchzehen und Zitronenviertel auf ein Backblech geben. Mit Salz und Zucker bestreuen und mit 1 Esslöffel Olivenöl beträufeln. Im vorgeheizten Ofen 50–55 Minuten backen.

Die Auberginen aus dem Ofen nehmen und 20 Minuten abkühlen lassen. Das Fruchtfleisch aus den Auberginenhälften kratzen und sofort in einen Mixer geben. Aus den Knoblauchzehen das Fruchtfleisch mit einem Löffelrücken herauspressen und ebenfalls in den Mixer geben. Das Zitronenfleisch direkt über dem Mixer aus der Schale herauskratzen, um keinen Saft zu verlieren. 600 ml Wasser angießen und glatt pürieren. Olivenöl und Sahne zufügen und weiterpürieren. Dadurch erhält die Suppe eine cremige Konsistenz.

Nach und nach so viele Sardellenfilets zugeben und mit pürieren, bis der gewünschte Geschmack erreicht ist. Diese Suppe muss nicht unbedingt gekühlt werden, man kann sie auch bei Zimmertemperatur servieren. Abschmecken und mit Radieschen servieren.

„Diese Suppe passt hervorragend in ein mediterranes Menü.“

Gazpacho mit Wodka

Für 4–6 Personen
Vorbereitung: 25 Minuten
Garzeit: keine
Kühlzeit: 3 Stunden

Sergio, ein guter italienischer Freund von mir, ist ein fantastischer Koch und gibt kurz vor Ende der Garzeit immer einen Spritzer Wodka in sein Risotto, um den Geschmack zu heben. Jahrelang dachte ich, er mache Witze, bis ich es selbst ausprobiert habe – ich muss zugeben, dass Wodka wirklich, in kleinen Mengen, ein toller Geschmacksverstärker ist. Noch ein Tipp: Überlassen Sie es den Gästen, wie viel Wodka sie in die Suppe geben möchten, damit sie ihr eigenes spritziges „Bloody-Mary-Gazpacho" kreieren können. Ob mit oder ohne Alkohol, diese Suppe ist perfekt fürs Picknick.

Zutaten
50 g Semmelbrösel
1 EL Sherry-Essig
1 kg vollreife Tomaten, gehackt
2 grüne Paprika, gehackt
2 rote Spitzpaprika, gehackt
100 g weiße Zwiebeln, gehackt
Salz und frisch gemahlener Pfeffer
3 EL natives Olivenöl extra
Tabasco, zum Abschmecken
3 EL Wodka, plus Wodka zum Servieren
1 geschälte und in 10 cm lange Streifen geschnittene Salatgurke

Zubereitung
Die Semmelbrösel in einer kleinen Schüssel mit 50 ml Wasser und dem Essig übergießen. Einweichen und derweil das Gemüse hacken.

Nehmen Sie das Pürieren in drei Portionen vor. Pürieren Sie jeweils ein Drittel des Gemüses mit einem Drittel der Semmelbrösel. Die Tomaten müssten ausreichend Flüssigkeit enthalten, falls die Masse jedoch zu dick wird, noch etwas Wasser hinzufügen.

Die Suppe durch ein Sieb passieren, um die Haut von Tomate und Paprika zu entfernen, dann wieder in den Mixer geben und würzen. Olivenöl, einige Spritzer Tabasco und Wodka hinzufügen und einige Sekunden pürieren. Dies bei Bedarf nochmals portionsweise tun. Die Suppe 3 Stunden in den Kühlschrank stellen. In Gläsern servieren und mit Wodka, Tabasco und Gurkenstreifen reichen.

PEPSI-COLA

PEPSI-COLA

Mexikanische Avocadocremesuppe

Für 4–6 Personen
Vorbereitung: 5 Minuten oder 1 Stunde, falls Sie die Brühe selbst herstellen
Garzeit: 5 Minuten + 20 Minuten Kühlzeit

Im mexikanischen Bundesstaat Jalisco, der an der Westküste des Landes liegt, hat man sich auf den Anbau von Avocados spezialisiert. Dieses Rezept ist von der Avocadosuppe inspiriert, die in dieser Region serviert wird. Traditionell wird sie mit Hühnerbrühe zubereitet, doch ebenso lecker (und leichter) wird sie mit grüner Gemüsebrühe (siehe Seite 120).

Zutaten

1 l Hühner- oder Gemüsebrühe (nach Bedarf etwas mehr)
4 Avocados (à 225 g)
Saft von 2 Limetten
4–8 Scheiben in Essig eingelegte Jalapeño-Chili (Asia-Laden)
4 EL saure Sahne

Zum Servieren

in dünne Ringe geschnittene rote wiebel und einige eingelegte Scheiben Jalapeño-Chili

Zubereitung

Lassen Sie frisch zubereitete Brühe erst einmal auf Zimmertemperatur abkühlen. Gekühlte Brühe aus dem Kühlschrank sollte leicht aufgewärmt werden.

Die Avocados halbieren, entkernen und das Fruchtfleisch mit einem Löffel aus der Schale herausschaben. Den Saft von $1\frac{1}{2}$ Limetten zum Avocadofleisch in eine Schüssel geben und alles mit einer Gabel zerdrücken. Die Hälfte der zerdrückten Avocados und 400 ml Brühe im Mixer glatt pürieren. Die Hälfte der Jalapeño-Scheiben und der sauren Sahne sowie bei Bedarf ein wenig mehr Brühe hinzufügen und mixen. Ebenso mit der zweiten Hälfte der Zutaten verfahren.

Je nach Reifegrad der Avocados wird die Konsistenz der Suppe unterschiedlich ausfallen. Geben Sie die Brühe daher portionsweise hinzu und prüfen Sie immer wieder die Konsistenz. Sie sollte dickflüssiger Sahne ähneln.

Die Suppe kalt stellen und mit dünnen roten Zwiebelringen und Jalapeño-Scheiben servieren.

„Da Avocados rasch braun werden, sollten Sie diese Suppe möglichst kurz vor dem Servieren zubereiten."

Tomaten-Stachelbeer-Suppe mit Kräutersahne

Für 4–6 Personen
Vorbereitung: 15 Minuten
Garzeit: 10 Minuten

Die Tomate, die zum Fruchtgemüse zählt, enthält sowohl süße als auch herzhafte Nuancen. Die Stachelbeeren verleihen dem Tomatengeschmack noch eine blumige Note. Leider ist die Stachelbeersaison kurz, doch die kernreichen Beeren lassen sich problemlos einfrieren und sind auch in gut sortierten Supermärkten gefroren erhältlich. Die Kräutersahne sollte möglichst direkt zum Verzehr zubereitet werden. Sie ist zudem eine wunderbare Garnierung für Suppen aus Wurzelgemüse wie Karotte, Pastinake oder Sellerie.

Zutaten
350 g Stachelbeeren
100 g Zucker
900 g vollreife Tomaten, grob gehackt
Salz und frisch gemahlener weißer Pfeffer

Kräutersahne
200 g Sahne
2 EL frisch gehackter Estragon
2 EL frisch gehackter Koriander
2 EL frisch gehackter Schnittlauch
2 TL grobkörniger Senf
Salz und frisch gemahlener schwarzer Pfeffer

Zubereitung
Die Stachelbeeren mit 200 ml Wasser und Zucker in einem Topf abgedeckt 10 Minuten zu einem Mus einköcheln.

Jeweils ein Drittel der gehackten Tomaten mit einem Drittel des Stachelbeerkompotts im Mixer glatt pürieren. Sofort durch ein Sieb in eine Schüssel gießen.

Die Masse mit einem großen Löffel durch das Sieb passieren und so viel Saft wie möglich ausdrücken. Mit Salz und weißem Pfeffer würzen. Beiseitestellen und abkühlen lassen; die Siebrückstände wegwerfen. Diese Suppe sollte nicht gekühlt, sondern bei Zimmertemperatur serviert werden.

Kurz vor dem Servieren die Kräutersahne zubereiten. Die Sahne aufschlagen, bis sie steif wird. Kräuter, Senf, Salz und Pfeffer hinzufügen und sanft einarbeiten. Die Sahne soll nicht zu fest werden, sondern cremig sein. Die Suppe mit einem Löffel Kräutersahne servieren.

Tipp
Sahne, Schüssel und Schlagbesen kühl stellen, denn so wird die Sahne besser steif.

All in one

Suppen haben das Potenzial, mehr als nur der Beginn eines Menüs zu sein. Stückige Suppen können zum Beispiel wie ein Eintopf als vollwertiges Hauptgericht serviert werden. Da ich es liebe, ein Gericht mit vielen verschiedenen Beilagen zu servieren, habe ich dies auch auf die meisten der Rezepte in diesem Kapitel angewendet. Eine Gulaschsuppe ist mit Kartoffelknödeln viel sättigender und einen Kichererbsenpfannkuchen kann man wie ein Stück Brot in eine Suppe tunken. All diese Beilagen bereichern die Suppen um Textur und Geschmack und steigern zudem den Spaß am Essen.

Die Rezepte in diesem Kapitel sind auf sechs Personen ausgelegt. Sie sind nicht komplizierter als viele andere Suppenrezepte in diesem Buch, aber doch ein wenig anspruchsvoller, da man neben der Suppe auch noch die Beilagen zuzubereiten hat. Wenn Sie die Portionsmenge einer Suppe gerne reduzieren möchten, ist dies meist kein Problem. Häufig kann man das Rezept einfach halbieren und die Suppe dann vier Personen als Vorspeise servieren.

Gulaschsuppe mit Kartoffelklößen & saurer Sahne

Für 6 Personen
Vorbereitung: 25 Minuten
Garzeit: 40 Minuten + 2½ Stunden schmoren

Das ungarische Gulasch kann als Suppe und als Eintopf zubereitet werden. Traditionell wird es mit gekochten Kartoffeln geschmort, ich bevorzuge es allerdings, dazu Kartoffelklöße (siehe Seite 129) zu servieren. Die besonders zarte und schmackhafte Rinderbacke ist perfekt zum Schmoren. Bestellen Sie sie am besten bei Ihrem Metzger vor.

Zutaten

6 EL Olivenöl
1,5 kg Rinderbacke, in 2 cm große Stücke geschnitten
Salz und Pfeffer
4 Zwiebeln, in dünne Ringe geschnitten
150 g rote Paprika, in feine Streifen geschnitten
50 g grüne Paprika, in feine Streifen geschnitten
3 Knoblauchzehen, zerdrückt
1½ TL Kümmelsamen
1½ EL Paprikapulver scharf
2 TL frisch gehackter Oregano
2 400-g-Dosen Tomaten in Stücken
½ TL Zucker
2 l Rinderbrühe (siehe Seite 117)
Butter, zum Schwenken

Zum Servieren

Kartoffelklöße (siehe Seite 129)
saure Sahne

Zubereitung

2 Esslöffel Öl in einer großen Pfanne sehr hoch erhitzen und die Hälfte des Fleisches darin unter gelegentlichem Rühren gut anbräunen. Mit Salz und Pfeffer würzen, in einen Topf (4 l Inhalt) geben und auf geringe Hitze stellen. Ebenso mit der zweiten Fleischhälfte verfahren. Das Fleisch sollte vor dem Braten Zimmertemperatur haben. Andernfalls senkt sich beim Anbraten die Temperatur der Pfanne, und das Fleisch bräunt nicht so gut an.

Wenn das gesamte Fleisch angebraten ist, das verbliebene Öl in die Pfanne gießen und die Zwiebeln darin bei mittlerer Hitze 6–7 Minuten braten. (Wegen des Bratensatzes vom Fleisch bräunen sie rasch an. Das ist gewünscht, geben Sie allerdings acht, dass sie nicht anbrennen.) Die Zwiebeln in den Topf mit dem Fleisch geben. Nun die Paprikastreifen 6–7 Minuten in der Pfanne braten, bis sie weich und an den Rändern leicht angebräunt sind. Nach der Hälfte der Garzeit mit Salz und Pfeffer würzen. Zu den anderen Zutaten in den Topf geben.

Knoblauch, Kümmel, Paprika und Oregano im Mörser zu einer Paste zerstoßen. Diese 30 Sekunden in der Pfanne andünsten. Tomaten und Zucker hinzufügen und mit Salz und Pfeffer würzen. Zum Kochen bringen und 10 Minuten einköcheln lassen. Ebenfalls in den Topf geben. 1,5 l Rinderbrühe angießen und 2 Stunden halb abgedeckt sanft köcheln lassen. Nach 2 Stunden prüfen, ob noch ausreichend Flüssigkeit vorhanden ist. Bei Bedarf die restliche Brühe zugießen und weitere 30 Minuten köcheln.

Kurz vor dem Servieren Wasser in einem großen Topf zum Köcheln bringen und die Klöße darin ziehen lassen, bis sie an die Oberfläche kommen. Mit einem Schaumlöffel herausheben und mit etwas Butter in eine vorgewärmte Schüssel geben. Die Suppe mit Klößen und saurer Sahne servieren.

Vietnamesischer Feuertopf

Für 6 Personen
Vorbereitung: 35 Minuten + 1 Stunde zum Angefrieren bzw. Kühlen
Garzeit: 35 Minuten

Bei einem asiatischen Feuertopf, einem Fondue mit Brühe, gart man mit seinen Gästen gemeinsam das Essen und kann somit einen herrlich stressfreien Abend erleben.

Zubereitung

Für den Dip alle Zutaten in einer Schüssel gut verrühren und mindestens 1 Stunde in den Kühlschrank stellen. Bereiten Sie ihn am Tag zuvor zu, denn durchgezogen schmeckt er noch besser. Da der Dip aus frischen Zutaten besteht, ist er allerdings nur 2–3 Tage haltbar.

Für die Brühe die Tamarindenpaste in einem kleinen Topf mit 300 ml Wasser bedecken und 10 Minuten köcheln. Abseihen und den Kochsud beiseitestellen.

Das Öl in einem Topf (3 l Inhalt) erhitzen. Zitronengras, Schalotten, Knoblauch und Ingwer darin goldgelb dünsten. Tamarindensud, 2 l Wasser, Brühwürfel und Zucker hinzufügen und 20 Minuten köcheln. (Sie können natürlich auch selbst gemachte Brühe verwenden).

Derweil für das Fondue die verbliebenen Zutaten vorbereiten: Das Rindfleisch in sehr dünne Scheiben schneiden. Dafür das Fleisch vor dem Zerteilen 1 Stunde ins Gefrierfach stellen. Fleischscheiben und Bohnensprossen auf einen Teller geben, die Meeresfrüchte auf einen zweiten und das Gemüse auf einen dritten Teller legen.

Die Glasnudeln nach Packungsangabe zubereiten und mit Minze und Koriander auf einen Teller legen. Die Frühlingszwiebeln in die Brühe geben und den Topf in der Mitte des Tisches auf den Gaskocher setzen. Die vorbereiteten Zutaten ebenfalls auf den Tisch stellen. Den Dip auf drei kleine Schalen verteilen, und dann kann's losgehen! Jeder Gast füllt sich Zutaten nach Wunsch in seine Drahtkelle und taucht sie etwa 1 Minute in die köchelnde Brühe. Dann werden die Zutaten ganz nach Geschmack mit Kräutern, Dip, Nudeln und Brühe in die Suppenschale gefüllt. Im Laufe des Abends wird die Brühe immer aromatischer und reichhaltiger.

Dip
150 ml Fischsauce
100 g Ananas, fein gehackt
2 große Knoblauchzehen, fein gehackt
1–2 rote Thai-Chilis, entkernt und in dünne Ringe geschnitten
Saft von 1 Limette
4 EL Zucker

Brühe
150 g Tamarindenpaste
1 EL Erdnussöl
2 Zitronengrasstängel, fein gehackt
100 g Schalotten, fein gehackt
3 Knoblauchzehen, zerdrückt
25 g fein gehackte Ingwerwurzel
2 Bio-Hühnerbrühwürfel
2 EL Zucker
5 Frühlingszwiebeln, in feine Ringe geschnitten

Fonduezutaten
500 g Rinderhüftfleisch
500 g Bohnensprossen
300 g rohe Garnelen
300 g rohe Tintenfischringe
6 Jakobsmuscheln
1 großer Chinakohl, grob geraspelt
2 Karotten, in dünne Streifen geschnitten
250 g Zuckererbsen
250 g Glasnudeln
je 1 Bund frische Minze und frischer Koriander

Mexikanische Hühnersuppe

Für 6 Personen
Vorbereitung: 10 Minuten
Garzeit: 2 Stunden

Jedes Land hat sein eigenes, ganz spezielles Rezept für Hühnersuppe. Hier präsentiere ich eine weniger bekannte mexikanische Hühnersuppe namens „caldo de pollo", die normalerweise mit einer Unmenge verschiedener Beilagen und einem Spritzer Zitronensaft serviert wird.

Zutaten

500 g Hähnchenflügel
1 kleines Hähnchen
2 Zwiebeln, gewürfelt
6 Knoblauchzehen, geschält
1 Porreestange, in dünne Ringe geschnitten
2 große Karotten, gewürfelt
2 Selleriestangen, gewürfelt
2 frische Thymianzweige
2 Lorbeerblätter
2 getrocknete lange Chilis

Beilagen

6 Limetten, geviertelt
1/2 Kopfsalat, zerzupft
3 Tomaten, fein gehackt
3 frische Chilis, entkernt und fein gehackt
200 g Hartkäse (z. B. Pecorino), in feine Späne gehobelt
6 Frühlingszwiebeln, fein gehackt
1 Bund frischer Koriander, gehackt
2 große Avocados
Saft von 1 Limette
18 Mais- oder Weizentortillas

Zubereitung

Den Backofen auf 220 °C vorheizen. Die Hähnchenflügel auf ein Backblech geben und 45 Minuten backen. Derweil das Hähnchen in einem Topf (4 l Inhalt) mit 3 l sprudelnd kochendem Wasser übergießen und zum Kochen bringen. Aufsteigenden Schaum und Fett von der Oberfläche abschöpfen. Das Gemüse mit Thymian, Lorbeer und Chilis hineingeben. Das Wasser erneut zum Kochen bringen und halb abgedeckt 45 Minuten köcheln. Die gerösteten Hähnchenflügel aus dem Ofen hinzufügen. 200 ml Wasser auf das Backblech gießen, den Bratensatz lösen und ebenfalls zur Brühe geben. 45 weitere Minuten köcheln und gelegentlich abschäumen.

Etwa 20 Minuten vor Ende der Garzeit mit der Vorbereitung der Beilagen beginnen. Die Avocados dürfen allerdings erst kurz vor dem Servieren gewürfelt werden. Alles in separate Schalen füllen und mit Frischhaltefolie abdecken. Nicht in den Kühlschrank stellen, da sie sonst zu kalt für die Suppe wären.

Den Backofen auf 160 °C vorheizen. Hähnchen und Flügel aus der Brühe heben und leicht abkühlen lassen. Entbeinen und das ausgelöste Fleisch zurück in die Brühe geben.

Die Tortillas zunächst in Backpapier und dann in Alufolie einwickeln. Gut verschließen und 10 Minuten in den vorgeheizten Ofen stellen.

Die Avocados schälen, entkernen, würfeln und mit dem Limettensaft beträufeln, um eine Braunfärbung zu verhindern. In eine Schale füllen und zu den anderen Beilagen auf den Tisch stellen. Die Tortillas in ein Geschirrtuch eingewickelt heiß servieren. Die Suppe kochend heiß in vorgewärmten Suppentellern servieren. Durch die Beilagen wird die Suppe leicht abgekühlt, sodass die perfekte Verzehrtemperatur entsteht. Die Beilagen in die Suppe geben, die Limetten darüber ausdrücken und mit den warmen Tortillas genießen.

Gratinierte französische Zwiebelsuppe

Für 6 Personen
Vorbereitung: 25 Minuten
Garzeit: 1 Stunde 20 Minuten

Zutaten
900 g Zwiebeln
100 g Schalotten
50 g Butter
1 EL Olivenöl
Salz und Pfeffer
2 EL Mehl
200 ml Weißwein
2,25 l Hühnerbrühe oder Wasser
1 großes Baguette
2 große Knoblauchzehen
250 g gemischter Gruyère und Emmentaler, gerieben

„Dieses Rezept ergibt 10–12 kleine Portionen, die am Ende einer Party serviert werden können."

Für mich als Pariserin wäre es undenkbar, ein Suppenbuch ohne die berühmte französische Zwiebelsuppe „soupe à l'oignon gratinée" herauszubringen. Zwar stammt sie ursprünglich aus Lyon, doch inzwischen hat sie sich zum Standard-Snack für Partygänger gemausert, die gern die Nacht zum Tag machen. Im Pariser Viertel Les Halles gibt es eine Brasserie namens Au Pied de Cochon, die 24 Stunden geöffnet hat. Dort kehrt man gerne in den frühen Morgenstunden ein, um diese köstliche Suppe zu essen, die eine ganz wunderbare Kur gegen einen Kater ist.

Zubereitung
Zwiebeln und Schalotten schälen und in feine Ringe schneiden. Die Ringe sollten möglichst gleich dick sein, damit sie gleichmäßig garen und anbräunen. Butter und Öl in einem schweren Schmortopf (4 l Inhalt) erhitzen. Bei diesem Rezept empfiehlt sich die Verwendung eines schweren Topfes, da die Zwiebeln darin nicht anhaften, obwohl sie sehr lange geschmort werden. Zwiebeln und Schalotten hineingeben und bei mittlerer Hitze 5 Minuten weich dünsten. Dann bei reduzierter Hitze etwa 40 Minuten schmoren, dabei regelmäßig umrühren. Nach 15–20 Minuten beginnen die Zwiebeln, Farbe anzunehmen. Schließlich werden sie noch dunkler als die Zwiebelschale. Dadurch entsteht der unvergleichliche Geschmack, der diese Suppe auszeichnet.

Wenn die richtige Farbe erreicht ist, die Zwiebeln mit Salz und Pfeffer würzen und mit dem Mehl bestäuben. 1 Minute unter ständigem Rühren anschwitzen. Den Wein angießen und weitere 2 Minuten köcheln. Gegebenenfalls die Temperatur erhöhen. Brühe oder Wasser zugießen, abschäumen und 20 Minuten köcheln.

Derweil den Backofengrill hoch erhitzen. Das Baguette in 2 cm dicke Scheiben schneiden, die Scheiben auf einem Backblech verteilen und unter dem Backofengrill goldbraun rösten. Wenden und die andere Seite rösten. Die Brotscheiben mit dem Knoblauch einreiben.

Die Suppe in hitzebeständige Suppenschalen füllen, mit den Brotscheiben belegen, mit dem Käse bestreuen und 4–7 Minuten unter dem Backofengrill goldgelb gratinieren.

Indische Bouillabaisse mit Safran-Aioli & Bratkartoffeln

Für 6 Personen
Vorbereitung: 45 Minuten
Garzeit: 1 Stunde

Zutaten
900 g Fischfilet
6 Jakobsmuscheln
Salz und Pfeffer
Saft von 1 Limette
1 kg Tomaten
6 große Knoblauchzehen
2 TL grob geriebene Ingwerwurzel
3 EL Erdnussöl
2 TL Senfkörner
600 g Zwiebeln, in dünne Ringe geschnitten
25 frische oder 30 getrocknete Curryblätter
1 EL gemahlener Koriander
2 TL gemahlener Kreuzkümmel
1 TL Kurkumapulver
¼–½ TL Chilipulver
1,3 l Fischbrühe (siehe Seite 122)
500 g frische Miesmuscheln, 1 Stunde gewässert, dann abgebürstet und Bärte entfernt

Bratkartoffeln
150 ml Erdnussöl
500 g Pellkartoffeln, klein gewürfelt
Salz
1 große Prise gemahlener Kreuzkümmel
1 Prise Chilipulver

Safran-Aioli (Seite 136)
Naan-Brot

Ich hatte einmal die Ehre, mit Guy Gedda, einem charismatischen Küchenchef aus Südfrankreich, eine Bouillabaisse zubereiten zu dürfen. Er verwendete dafür Fische mit Schuppen in fluoreszierendem Grün, Orange und Blau, die sogenannten „poisson de roche" (Felsenfische) – ein Fest für die Augen! Nach einer Kostprobe der Brühe wurde mir klar, dass der Geschmack einer Original-Bouillabaisse untrennbar mit diesen kleinen, farbenfrohen Fischen verknüpft ist und so nirgends auf der Welt nachgeahmt werden kann. Daher habe ich mit indischen Aromen experimentiert und eine Bouillabaisse-Variante kreiert, mit der ich wirklich glücklich bin.

Zubereitung
Den Fisch in 2,5 cm große Stücke schneiden und mit den Jakobsmuscheln auf eine Platte legen. Mit Salz und Pfeffer würzen, mit dem Limettensaft beträufeln. Mit Frischhaltefolie abdecken und ziehen lassen. Den Backofen auf 180 °C vorheizen. Die Tomaten mit einem scharfen Messer kreuzförmig einritzen. In einer Schüssel mit kochendem Wasser bedecken und 1 Minute ziehen lassen. Abgießen, mit kaltem Wasser abschrecken und häuten. Die Tomaten vierteln und in eine Auflaufform geben. Mit Knoblauchzehen und Ingwer bestreuen, salzen und mit 1 Esslöffel Öl beträufeln. Im vorgeheizten Ofen 35 Minuten backen.

In der Zwischenzeit das verbliebene Öl in einer Pfanne erhitzen und die Senfkörner hineingeben. Erhitzen, bis sie beginnen aufzuplatzen. Die Zwiebeln hinzufügen. 2 Minuten bei mittlerer Hitze pfannenrühren. Die Hitze reduzieren und die Zwiebeln 10 Minuten schmoren. Die Curryblätter hineingeben und unter ständigem Rühren 2 Minuten mitbraten. Die Gewürze hinzufügen und 1 Minute braten, bis die Mischung trocken wird und am Boden haftet. 200 ml Fischbrühe angießen und den Bratensatz vom Boden lösen. In einen großen Topf umfüllen, die verbliebene Fischbrühe zugeben und alles zum Köcheln bringen.

Die Tomaten aus dem Ofen nehmen. Das Fruchtfleisch aus den Knoblauchzehen drücken und mit den Tomaten in den Topf geben. 15 Minuten köcheln. Für die Bratkartoffeln das Öl in einer Pfanne erhitzen und die Kartoffeln darin 7–8 Minuten unter gelegentlichem Rühren goldgelb braten. Auf Küchenpapier abtropfen und mit Salz, Kreuzkümmel und Chilipulver würzen. Fisch, Jakobs- und Miesmuscheln in den Topf geben und 3 Minuten köcheln. Die Bratkartoffeln zugeben, den Topf vom Herd nehmen und 5 Minuten ziehen lassen. Derweil das Naan-Brot aufbacken. Die Bouillabaisse mit Safran-Aioli und Naan-Bort servieren.

Borschtsch mit Kohl-Piroggen

Für 6 Personen
Vorbereitung: 45 Minuten
(Brühe und Teig möglichst am Tag zuvor zubereiten)
Garzeit: 1 Stunde

Zutaten

1,8 l Rinderbrühe (siehe Seite 117)

Kohl-Piroggen

1 Rezeptmenge Piroggenteig (siehe Seite 107)
300 g Weißkohl, fein geraspelt
1 EL Salz
30 g Butter · 1 EL Pflanzenöl
1 Zwiebel, in dünne Ringe geschnitten
2 große Eier, hart gekocht und gehackt
3 EL frisch gehackter Dill
Salz und Pfeffer
1 Ei, leicht verquirlt

2 EL Pflanzenöl
2 Zwiebeln, gewürfelt
250 g gekochte Rote Bete, geschält und gewürfelt
300 g Karotten, gewürfelt
300 g Steckrüben, gewürfelt
300 g Kartoffeln, gewürfelt
2 Selleriestangen, gewürfelt
Salz und Pfeffer
3 Knoblauchzehen, zerdrückt
1 EL Tomatenmark
200 g Weißkohl, fein geraspelt
1 EL Salz
250 g gekochte, in Essig eingelegte Rote Bete, gerieben

saure Sahne und Dill, zum Servieren

In der Ukraine ist Borschtsch ein Nationalgericht. Die Herstellung der dafür nötigen Rinderbrühe ist eine wahre Kunst. Borschtsch wird traditionell mit Piroggen gereicht, weichen Teigtaschen mit cremiger Kohlfüllung und Dill.

Zubereitung

Die Rinderbrühe am Tag zuvor zubereiten. Vor der Verwendung die Fettschicht von der Oberfläche abnehmen.

Für die Piroggen den Kohl in eine Schüssel geben, mit Salz bestreuen und mit kochendem Wasser bedecken. 10 Minuten ziehen lassen. Dann abgießen, abspülen und beiseitestellen.

Butter und Öl in einer Pfanne auf mittlerer Stufe erhitzen und die Zwiebel darin 2–3 Minuten braten. Den Kohl hinzufügen und 10–15 Minuten weich dünsten. Vom Herd nehmen, gehackte Eier und Dill hinzufügen und mit Salz und Pfeffer würzen. Gründlich vermengen, dann die Kohlfüllung abkühlen lassen. Den Piroggenteig in 18 Kugeln teilen. Jede zu einem Kreis von 10 cm Durchmesser ausrollen. Etwa 1½ Esslöffel der Kohlfüllung in die Mitte geben. Die Teigränder zur Mitte zusammenziehen und fest zusammendrücken. Die Piroggen mit der Nahtstelle nach unten auf ein mit Backpapier ausgelegtes Backblech legen und 20 Minuten gehen lassen. Derweil den Backofen auf 220 °C vorheizen.

Das Öl in einem Topf (3 l Inhalt) auf mittlerer Stufe erhitzen und das gewürfelte Gemüse darin 7–8 Minuten leicht anbräunen. Nach der Hälfte der Zeit mit Salz und Pfeffer würzen. Knoblauch und Tomatenmark hinzufügen und 1 weitere Minute braten. Die Rinderbrühe angießen, aufkochen, dann bei reduzierter Hitze 25 Minuten köcheln.

Den Kohl für die Suppe in eine Schüssel füllen. Mit dem Salz bestreuen und mit kochendem Wasser bedecken. 10 Minuten ziehen lassen, abgießen, abspülen und beiseitestellen. Wenn die Suppe fertig ist, den Kohl hineingeben und 15 Minuten darin köcheln.

Derweil die Piroggen mit dem verquirlten Ei bestreichen und im vorgeheizten Ofen 12–15 Minuten backen, bis sie goldgelb und aufgegangen sind. Aus dem Ofen nehmen. Die geriebene Rote Bete in die Suppe geben, die Suppe vom Herd nehmen und abgedeckt 10 Minuten ziehen lassen, mit Piroggen, saurer Sahne und Dill servieren.

Piroggenteig

Zutaten

125 ml Milch
$1\frac{1}{2}$ TL Trockenbackhefe
$\frac{1}{4}$ TL Zucker
320 g Weizenmehl (Type 550)
$\frac{3}{4}$ TL Salz
1 Ei
2 Eigelb
50 g weiche Butter
Öl, zum Einfetten

Zubereitung

Die Milch in eine Schüssel gießen und über einem Topf mit köchelndem Wasser erwärmen. Die Hefe in der Milch auflösen, den Zucker hinzufügen und 15 Minuten gehen lassen, bis Blasen aufsteigen und an der Oberfläche Schaum entsteht.

Mehl und Salz in eine große Schüssel geben und vermischen. In einer anderen Schüssel das Ei mit dem Eigelb verquirlen. In die Mitte des Mehls eine Mulde drücken und Milchmischung und Eier hineingießen. Alles gründlich vermengen. Der Teig sollte glatt und kompakt, nicht weich oder flüssig sein. 15 Minuten gehen lassen.

Den Teig auf einer Arbeitsfläche leicht flach drücken, die weiche Butter in die Mitte geben und die Teigseiten darüberklappen, um die Butter einzuschließen. Durchkneten, um die Butter einzuarbeiten. Dann 10–15 Minuten weiterkneten, bis ein elastischer Teig entsteht. Zu einer Kugel formen und in einer leicht eingeölten Schüssel abgedeckt 2 Stunden ruhen lassen.

Den Teig sofort verwenden oder abgedeckt in den Kühlschrank stellen und am nächsten Tag verarbeiten.

Marokkanische Gemüsesuppe mit Zwiebelkonfitüre & Pfannkuchen

Für 6 Personen
Vorbereitung: 80 Minuten
Garzeit: 1 Stunde

Diese Suppe geht auf die Mauren zurück, und man fragt sich unwillkürlich, ob wirklich keine Fleischbrühe verwendet wurde. Es ist erstaunlich, doch durch all die Beilagen wird diese Suppe tatsächlich ein vegetarischer Genuss der ganz besonderen Art. Man kann fast das gesamte Gericht am Tag zuvor vorbereiten und nur die Pfannkuchen vor dem Servieren backen.

Suppe

4 EL Olivenöl
2 große Zwiebeln
300 g Karotten
200 g Steckrüben
300 g Zucchini
200 g Auberginen
300 g Butternut-Kürbis
Salz und Pfeffer
2,3 l Rote Gemüsebrühe (siehe Seite 121)

Zwiebel-Konfitüre

80 g Sultaninen
2 EL Olivenöl
4 Zwiebeln, gehackt
1 TL Zucker
1 Prise Chilipulver

12 kleine oder 6 große Pfannkuchen

175 g Kichererbsenmehl
175 g Mehl
2¼ TL Backpulver
2¼ TL gemahlener Kreuzkümmel
¾ TL Salz
1 Prise Chilipulver
1 Ei
400 ml Wasser
50 g zerlassene Butter

Harissa (türkischer Lebensmittelhandel oder siehe Seite 137)

Zubereitung

Für die Suppe das geputzte Gemüse in 1,5 cm große Stücke schneiden. 2 Esslöffel Olivenöl in einem Topf (4 l Inhalt) erhitzen und Zwiebeln, Karotten und Steckrüben darin bei mittlerer Hitze 7–8 Minuten unter gelegentlichem Rühren dünsten, bis das Gemüse weich und leicht braun ist. Nach der Hälfte der Garzeit mit Salz und Pfeffer würzen. Die Brühe angießen, einmal aufkochen, dann bei reduzierter Hitze halb abgedeckt 25 Minuten köcheln.

Derweil das restliche Öl in einer großen Pfanne erhitzen. Zucchini, Auberginen und Kürbis darin bei mittlerer Hitze 10 Minuten dünsten. Mit Salz und Pfeffer würzen und beiseitestellen.

Nun die Konfitüre zubereiten. Die Sultaninen in eine Schale geben, mit 4 Esslöffeln Suppe begießen und beiseitestellen. Das Öl in einer Pfanne auf hoher Stufe erhitzen und die Zwiebeln darin 2 Minuten an-braten. Die Hitze reduzieren, abdecken und 10 Minuten sanft schmoren. Dabei auf eine möglichst geringe Hitze achten. Wenn die Suppe 25 Minuten geköchelt hat, das Pfannengemüse in die Suppe geben und alles weitere 20 Minuten halb abgedeckt köcheln.

Den Zucker zur Zwiebelkonfitüre geben, mit Salz und Chilipulver würzen und die Sultaninen einrühren. Abgedeckt weitere 10 Minuten köcheln. Die Zwiebeln sollten langsam einkochen und karamellisieren. Den Backofen auf 110 °C vorheizen. Für die Pfannkuchen beide Mehlsorten, Backpulver, Kreuzkümmel, Salz und Chili in eine Schüssel sieben. Das Ei zugeben und unter Rühren nach und nach das Wasser einarbeiten. Eine Pfanne erhitzen und mit der zerlassenen Butter bestreichen. Den Teig mit einer Kelle in die Pfanne gießen und 1 Minute braten, bis er Blasen wirft. Wenden und 1 Minute auf der anderen Seite braten. Ebenso mit dem restlichen Teig verfahren. Die fertigen Pfannkuchen auf einen Teller geben und im vorgeheizten Ofen warm halten.

Die Suppe mit Pfannkuchen, Zwiebelkonfitüre und Harissa servieren.

Brühen, Einlagen & Beilagen

In diesem Kapitel finden Sie Rezepte für viele wichtige Bestandteile einer guten Suppe, wie Brühe, Klöße, Croûtons und andere Beilagen.

Die Brühe ist in einer Suppe die wichtigste Zutat. Daher stelle ich hier Grundrezepte für Hühner-, Rindfleisch- und Fischbrühe sowie drei verschiedene Gemüsebrüherezepte vor, die einer Gemüsesuppe ihren ganz individuellen Charakter verleihen.

Im Weiteren präsentiere ich Rezepte für verschiedene Einlagen wie Klöße und Knödel, die aus einer leichten Brühe eine vollwertige Hauptmahlzeit machen. Das Wantan-Rezept hat mir ein chinesischer Koch höchstpersönlich eingeflüstert. Das Geheimnis der luftigen Leberknödel ist der mit Brötchen aufgelockerte Teig. Und das Aroma der österreichischen Kartoffelklöße entsteht dadurch, dass die Kartoffeln gebacken und nicht gekocht werden. Das Rezept für Matzeknödel habe ich von einem fantastischen jüdischen Koch erhalten. Zudem finden Sie ein Rezept für Frittaten, eingerollte Pfannkuchen, die in Süddeutschland und Österreich als Suppeneinlage dienen.

Ein gutes Croûton-Rezept darf selbstverständlich auch nicht fehlen, und abschließend gibt es noch Rezepte für Rote Currypaste, Aioli und Harissa, die Fertigprodukte um Längen schlagen.

Brühen

Hühnerbrühe

Für 1,5 l (für 2,5 l die Zutaten verdoppeln und 3 l Wasser verwenden)
Vorbereitung: 10 Minuten
Garzeit: 1 Stunde und 45 Minuten

Zutaten
1 kg Hähnchenflügel
1 Zwiebel, in 6 Spalten geschnitten
1 große Karotte, in Stücke geschnitten
1 kleine Selleriestange, in Stücke geschnitten
3 ungeschälte Knoblauchzehen
Salz und frisch gemahlener schwarzer Pfeffer
1 Lorbeerblatt

Nichts geht über eine selbst gemachte Hühnerbrühe. Hähnchenflügel sind günstig (sogar Bioware) und perfekt zur Herstellung einer Brühe. Ich röste sie immer zuerst im Ofen, um die Aromen zu intensivieren. Serviert mit Croûtons (siehe Seite 132) oder Klößen bzw. Knödeln (siehe Seite 126–129), wird diese Brühe zu einer vollwertigen Suppe.

Zubereitung
Den Backofen auf 220 °C vorheizen. Hähnchenflügel, Zwiebel, Karotte, Sellerie und Knoblauch in einem Bräter im vorgeheizten Ofen 40 Minuten rösten, bis sie goldgelb und an den Rändern knusprig sind. Gut mit Salz und Pfeffer würzen und 5 weitere Minuten backen.

Aus dem Ofen nehmen und alles in einen Topf (3 l Inhalt) geben. Das ausgetretene Fett aus dem Bräter in eine Schale abgießen und für ein anderes Rezept verwenden. 250 ml Wasser in den Bräter gießen und Bratensatz sowie anhaftende Flügelreste mit einem Holzspatel lösen. Die Flüssigkeit zusammen mit 1,5 l Wasser in den Topf gießen. Zum Kochen bringen, den aufsteigenden weißen Schaum abschöpfen und das Lorbeerblatt hineingeben. Die Hitze reduzieren und 1 Stunde halb abgedeckt köcheln. Gelegentlich abschäumen.

Die Brühe vom Herd nehmen und leicht abkühlen lassen. Ein Sieb über einem Topf oder einer Schüssel platzieren und die Brühe mit einer Schöpfkelle hineingeben. So besteht nicht die Gefahr, dass man sich an kochend heißen Spritzern verbrüht. Leider verliert das Fleisch durch das Kochen seinen Geschmack (Sie können es aber dennoch auslösen und als Einlage für die Suppe verwenden). Die Siebrückstände wegwerfen. Die Brühe ruhen lassen und das Fett von der Oberfläche schöpfen oder die Brühe über Nacht in den Kühlschrank stellen und das erhärtete Fett abnehmen. Im Kühlschrank ist die Brühe einige Tage, im Gefrierfach 6 Monate haltbar.

Tipp
Für eine asiatische Hühnerbrühe noch 4 Teelöffel Ingwerscheiben, 5 gehackte Frühlingszwiebeln und 100 ml Reiswein in die köchelnde Brühe geben.

Hühnerkarkassenbrühe

Ergibt 1,3 l
Vorbereitung: 10 Minuten
Garzeit: 1 Stunde

Für diese Brühe die Karkassen von Brathähnchen, gerösteter Pute, Rebhuhn oder Ente aufbewahren. Man kann Karkassen einfrieren und daraus auch zu einem späteren Zeitpunkt noch eine Brühe kochen. Diese ist verglichen mit einer traditionellen Brühe in etwa der Hälfte der Zeit fertig.

Zutaten

500 g Hähnchenkarkasse
1 Zwiebel, grob gehackt
1 Karotte, grob gehackt
1 kleine Selleriestange, grob gehackt
3 Knoblauchzehen
1 Bio-Hühnerbrühwürfel
1,5 l Wasser
Salz und Pfeffer

Zubereitung

Alle Zutaten in einen Topf (3 l Inhalt) füllen. Aufkochen, dann bei reduzierter Hitze fast ganz abgedeckt 1 Stunde köcheln. Mit Salz und Pfeffer abschmecken. Mit Hilfe eines Schöpflöffels durch ein Sieb in einen zweiten Topf geben und die Siebrückstände wegwerfen.

Diese Brühe ist im Kühlschrank einige Tage und im Gefrierfach 6 Monate haltbar.

Rinderbrühe

Ergibt 2 l
Vorbereitung: 10 Minuten
Garzeit: 2 Stunden 15 Minuten

Rinderbrühe kann man auf unterschiedliche Weise herstellen. Ich persönlich mag Ochsenschwanzbrühe am liebsten. Sie wird auf dieselbe Art wie Hühnerbrühe zubereitet: Zunächst wird das Fleisch im Ofen geröstet, um die Aromen zu intensivieren. Das Fleisch von den Knochen lösen und für Suppen oder in einem Salat mit Schalotten, Petersilie und Gewürzgurken verwenden.

Zutaten

1,25 kg Ochsenschwanz, in Stücke zerteilt
1 Zwiebel, gehackt
1 Karotte, gehackt
1 Selleriestange, gehackt
4 ungeschälte Knoblauchzehen
1 Porreestange, in grobe Ringe geschnitten
2 Sternanis
Salz und Pfeffer
1 Lorbeerblatt

Tipp

Es gibt zwei Möglichkeiten, das Fett von der Brühe zu entfernen. Entweder stellen Sie den Topf erst in kaltes Wasser, anschließend in Eiswasser und schöpfen dann das Fett von der Oberfläche ab oder Sie stellen die Brühe über Nacht in den Kühlschrank und nehmen das erhärtete Fett dann ab.

Zubereitung

Den Backofen auf 220 °C vorheizen. Ochsenschwanzstücke, Zwiebel, Karotte Sellerie und Knoblauch in einem Bräter 35 Minuten im Ofen rösten. Porree und Sternanis hinzufügen. Mit Salz und Pfeffer würzen. Weitere 10 Minuten rösten.

Das Fleisch aus dem Ofen nehmen und alles mit dem Lorbeerblatt in einen Topf (4 l Inhalt) geben. Das ausgetretene Fett aus dem Bräter in eine Schale abgießen und für ein anderes Rezept verwenden. 250 ml sprudelnd kochendes Wasser in den Bräter gießen und den Bratensatz vom Boden lösen. Die Flüssigkeit in den Topf gießen. 2 l heißes Wasser hinzufügen, alles zum Kochen bringen und den aufsteigenden Schaum abschöpfen. Die Hitze reduzieren und fast ganz abgedeckt 1½ Stunden köcheln. Gelegentlich abschäumen.

Den Topf vom Herd nehmen und 15 Minuten abkühlen lassen. Ein Sieb über einem Topf oder einer Schüssel platzieren und die Brühe mit einer Schöpfkelle durch das Sieb gießen. So besteht nicht die Gefahr, sich an kochend heißen Spritzern zu verbrühen. Das Fleisch von den Knochen lösen und anderweitig verwenden; die Siebrückstände wegwerfen.

Das Fett von der Oberfläche der Brühe entfernen (siehe Tipp). Die Brühe ist im Kühlschrank einige Tage und im Gefrierfach 6 Monate haltbar.

DATE:
QUANTITY:

Gemüsebrühe

Wie Sie sicher bemerkt haben, verwende ich zu jeder Suppe gern die passende Brühe und stelle diese auch häufig mit den Schalen des für die Suppe verwendeten Gemüses her. Ich finde, dass es gerade bei vegetarischen Suppen recht langweilig sein kann, immer dieselbe Gemüsebrühe zu verwenden. Ebenso wie bei Hühner- oder Rinderbrühe, die man verwendet, um einen individuellen Charakter zu erzeugen, habe ich auch den folgenden Gemüsebrühen eine eigene typische Geschmacksnuance gegeben.

Braune Gemüsebrühe

Ergibt 1,3 l
Vorbereitung: 10 Minuten
Garzeit: 45 Minuten

Eine erdige Brühe, die gut zu Pilzen, Roter Bete, Bohnen und Linsen passt.

Zutaten

10 g getrocknete Steinpilze
3 EL Olivenöl
100 g Schalotten, gehackt
100 g Karotten, gehackt
250 g gemischte frische Pilze, gehackt
Salz und Pfeffer
2 Knoblauchzehen, grob gehackt
1 EL Tomatenmark
1 TL Koriandersamen
einige frische Thymianzweige

Tipp

Für 2 l Brühe die 1½-fache Menge der Zutaten und 2 l Wasser verwenden.

Zubereitung

Die Steinpilze 15 Minuten in 200 ml warmem Wasser einweichen. Derweil die verbliebenen Zutaten vorbereiten. Das Öl in einem Topf (3 l Inhalt) auf mittlerer Stufe erhitzen. Schalotten und Karotten darin 5 Minuten weich dünsten. Auf hohe Hitze erhöhen, die gehackten frischen Pilze hineingeben und 5 Minuten pfannenrühren, bis die Pilze weich sind.

Das Gemüse gut mit Salz und frisch gemahlenem schwarzem Pfeffer würzen und weitere 3–4 Minuten dünsten, bis fast die gesamte Flüssigkeit verdampft ist. Knoblauch, Tomatenmark und Koriandersamen hinzufügen und 1 Minute andünsten. Die eingeweichten Steinpilze samt Einweichwasser und 1,3 l Wasser zugeben und zum Köcheln bringen. Den aufsteigenden Schaum abschäumen, den Thymian hinzufügen und alles 30 Minuten köcheln.

Die Brühe mit Hilfe einer Schöpfkelle durch ein Sieb in eine Schüssel füllen und die Siebrückstände wegwerfen. Die Brühe ist im Kühlschrank 3 Tage und im Gefrierfach 6 Monate haltbar.

Grüne Gemüsebrühe

Ergibt 1,3 l
Vorbereitung: 10 Minuten
Garzeit: 40 Minuten

Eine leichte Brühe für Wurzelgemüse, Porree und Spinat.

Zutaten

2 EL Olivenöl
100 g Zwiebeln, gewürfelt
100 g Porree, in Ringe geschnitten
100 g Fenchel, gewürfelt
100 g Karotten, gewürfelt
1 kleine Selleriestange, gehackt
Salz und Pfeffer
15 g frische Petersilie

Zubereitung

Das Öl in einem Topf (3 l Inhalt) auf mittlerer Stufe erhitzen und das Gemüse darin 5 Minuten weich dünsten. Gut mit Salz und Pfeffer würzen und weitere 5 Minuten dünsten, bis es leicht anbräunt. Das Salz entzieht dem Gemüse Flüssigkeit, was den Geschmack zusätzlich intensiviert.

1,5 l Wasser angießen, zum Köcheln bringen, die Petersilie hinzufügen und fast ganz abgedeckt 30 Minuten köcheln. Die Brühe mit Hilfe einer Schöpfkelle durch ein Sieb gießen und die Siebrückstände wegwerfen. Die Brühe ist im Kühlschrank 3 Tage und im Gefrierfach 6 Monate haltbar.

Tipp

Für 2 l Brühe die 1½-fache Menge der Zutaten und 2,2 l Wasser verwenden.
Für 2,2 l Brühe die doppelte Menge der Zutaten und 2,7 l Wasser verwenden.

Rote Gemüsebrühe

Ergibt 1,3 l
Vorbereitung: 10 Minuten
Garzeit: 40 Minuten

Eine maurisch inspirierte, aromatische Brühe für Tomaten, Kürbis und Aubergine.

Zutaten
2 EL Olivenöl
150 g Zwiebeln, gewürfelt
200 g Tomaten, grob gehackt
125 g rote Paprika, gewürfelt
125 g grüne Paprika, gewürfelt
Salz
1/8 TL Chilipulver
(nach Belieben mehr)
1 Prise Safran
1/2 Zimtstange
3 ungeschälte Knoblauchzehen

Zubereitung
Dieses Rezept wird ähnlich wie das vorherige zubereitet. Das Öl in einem Topf (3 l Inhalt) auf mittlerer Stufe erhitzen und das Gemüse darin 5 Minuten weich dünsten. Das Gemüse gut mit Salz würzen und weitere 5 Minuten dünsten, bis es leicht anbräunt. Gewürze und Knoblauch hinzufügen und 1 Minute mitdünsten. Für eine schärfere Brühe die Chilipulvermenge verdoppeln.

1,5 l Wasser angießen und 30 Minuten köcheln. Die Brühe mit Hilfe einer Schöpfkelle durch ein Sieb gießen und die Siebrückstände wegwerfen. Die Brühe ist im Kühlschrank 3 Tage und im Gefrierfach 6 Monate haltbar.

Tipp
Für 2 l Brühe die 1 1/2-fache Menge der Zutaten und 2,2 l Wasser verwenden.
Für 2,2 l Brühe die doppelte Menge der Zutaten und 2,7 l Wasser verwenden.

Fischbrühe

Ergibt 1,3 l
Vorbereitung: 15 Minuten
Garzeit: 45 Minuten

Bitten Sie Ihren Fischhändler, für Sie Fischköpfe und -gräten beiseitezulegen, die er Ihnen bestimmt günstig oder gar gratis überlassen wird. Fettige Fischsorten sind aber nicht geeignet, da sie der Brühe einen zu kräftigen, fast bitteren Geschmack verleihen. Wenn Sie Fisch selbst filetieren, können Sie Kopf und Gräten einfrieren und später für eine Brühe verwenden. Die Brühe sollte nicht zu lange köcheln, denn sonst verliert sie ihren Geschmack von frischem Fisch. Wenn Sie die Brühe reduzieren möchten, seihen Sie diese zunächst ab und kochen Sie die Brühe dann ein. Limettenblätter verleihen der Brühe einen wundervoll klaren, frischen Geschmack.

Zutaten

1,5 kg Fischköpfe und -gräten
3 EL Olivenöl
1 Zwiebel, gewürfelt
200 g Fenchel, gewürfelt
200 g Karotten, gewürfelt
2 Knoblauchzehen, gehackt
Salz
150 ml Weißwein
3 Limettenblätter
12 Pfefferkörner
150 g frische Miesmuscheln, abgebürstet und Bärte entfernt

Zubereitung

Fischköpfe und -gräten säubern. Kiemen und Blutreste entfernen, da diese bitter schmecken. Das Öl in einem Topf (4 l Inhalt) erhitzen. Das Gemüse in den Topf geben und 6–7 Minuten bei geringer bis mittlerer Hitze dünsten, bis es weich ist.

Auf mittlere Hitze erhöhen, die Fischteile hineingeben und 10 Minuten braten, bis es nicht mehr nach rohem Fisch riecht. Gelegentlich umrühren und achtgeben, dass nichts ansetzt. Gut salzen. Mit dem Wein ablöschen und 2 Minuten reduzieren. 1,5 l Wasser zugießen, zum Köcheln bringen und den aufsteigenden Schaum abschöpfen. Limettenblätter und Pfefferkörner hineingeben. Dann bei reduzierter Hitze 20 Minuten köcheln. Die Muscheln hineingeben, 4 Minuten mitköcheln. Vom Herd nehmen und 10 Minuten ziehen lassen. Die Brühe durch ein Sieb in eine Schüssel abseihen. Die Siebrückstände wegwerfen. Innerhalb von 24 Stunden verwenden oder bis zu 6 Monate einfrieren.

Tipp

Für eine reichhaltigere Brühe die Muscheln auslösen, die Brühemischung mit dem Muschelfleisch im Mixer fein pürieren und durch ein feinmaschiges Sieb passieren.

Suppeneinlagen & Croûtons

Mit den folgenden Suppeneinlagen verwandeln Sie auch eine einfache Brühe in ein vollwertiges Gericht. Und die köstlichen Croûtons verleihen jeder Suppe knusprigen Biss.

Chinesische Wantans

Ergibt 36 Wantans
(ca. 5–6 Wantans pro Portion)
Vorbereitung: 45 Minuten
Garzeit: 4–5 Minuten

Diese schmackhafte chinesische Suppeneinlage wird weltweit hoch geschätzt. Hergestellt wird sie mit Wantanhüllen, die in Asia-Shops erhältlich sind. Diese werden gefüllt und zu herrlich weichen Teigtaschen verarbeitet. Servieren Sie sie in einer asiatisch abgeschmeckten Hühnerbrühe (siehe Tipp Seite 114).

Zutaten

2 TL getrocknete Shiitake-Pilze
125 g rohe Riesengarnelen, ausgelöst
250 g Schweinehackfleisch
50 g Wasserkastanien aus der Dose, grob gehackt
2 TL frisch geriebene Ingwerwurzel
1 große Frühlingszwiebel oder 2½ EL gehackter chinesischer Schnittlauch
1½ TL Sesamöl
20 g Selleriestange oder Fenchel, gehackt
Salz und frisch gemahlener schwarzer Pfeffer
1 EL helle Sojasauce

200 g Wantanhüllen

Zum Servieren

asiatische Hühnerbrühe (siehe Seite 114)
in feine Ringe geschnittene Frühlingszwiebel
Sesamöl

Zubereitung

Die getrockneten Pilze in einer Schüssel mit kochendem Wasser bedecken und 10 Minuten einweichen. Die Darmfäden der Garnelen entfernen. Dazu jede Garnele mit einem scharfen Messer am Rücken einschneiden. Den nun sichtbaren schwarzen Darmfaden mit der Messerspitze anheben und herausnehmen. Dies geht ganz leicht. Es ist nicht gefährlich, den Darm mitzuessen, doch er besitzt einen sandigen, unangenehmen Geschmack. Die Garnelen zwischen zwei Lagen Küchenpapier ausdrücken, um so viel Flüssigkeit wie möglich zu entfernen.

Alle Zutaten bis auf Salz, Pfeffer und Sojasauce im Mixer zerkleinern, indem man einige Male auf die Pulsfunktion drückt. Sie sollten zerhackt sein, aber dennoch Struktur besitzen. In eine Schüssel geben, mit Salz und Pfeffer würzen, die Sojasauce hinzufügen und alles gut vermengen.

Eine Wantanhülle in die Handfläche legen. 1 großen Esslöffel der Füllung in die Mitte geben, einen Finger in Wasser tauchen und die Ränder leicht anfeuchten. Den Teig zur Hälfte überklappen und die Kanten zusammendrücken. An dem nun entstandenen Rechteck die beiden Ecken an der langen Seite mit Wasser befeuchten, zusammenbringen und durch Drücken verschließen. Auf eine Platte legen und ebenso mit den verbliebenen Hüllen verfahren.

Die Wantans sind im Kühlschrank 24 Stunden haltbar. 4–5 Minuten in kochendem Wasser garen, mit einem Schaumlöffel herausheben, gut abtropfen lassen und in Suppenschalen geben. Mit asiatischer Hühnerbrühe übergießen, mit feinen Frühlingszwiebelringen garnieren und mit Sesamöl beträufeln.

云吞皮
Wanton Pastry

Matzeknödel

Ergibt etwa 20 Stück
Vorbereitung: 10 Minuten + 1 Stunde Kühlzeit
Garzeit: 35–40 Minuten

Matze ist ein ungesäuerter, knuspriger Brotfladen, der während des jüdischen Pessachfestes gegessen wird. Für die Matzeknödel, die auf Jiddisch „Knaidlach" heißen, wird das Brot zu Mehl gemahlen. Traditionell werden Matzeknödel in Hühnerbrühe serviert. Dieses Rezept hat mir Mamie Céline freundlicherweise überlassen, die für ihre köstlichen Pessach-Gerichte berühmt ist.

Zutaten

4 Eier
2 EL geriebene Zwiebeln
1 EL fein gehackte frische Petersilie
1 TL Salz
frisch gemahlener schwarzer Pfeffer
150 g Matzemehl
50 ml Öl
120 ml Hühnerbrühe
heiße Hühnerbrühe und frisch gehackter Dill, zum Servieren

Zubereitung

Die Eier in einer Schüssel 2 Minuten schaumig aufschlagen. Geriebene Zwiebeln, Petersilie und Salz hinzufügen, mit Pfeffer würzen und gründlich verrühren.

Matzemehl, Öl und Hühnerbrühe in einer separaten Schüssel glatt rühren. Die Eiermasse hineingeben und 2 Minuten kräftig rühren, bis alles vermengt ist. Ein Stück Frischhaltefolie direkt auf den Teig legen und mindestens 1 Stunde in den Kühlschrank stellen.

2,5 l Wasser in einem Topf (3 l Inhalt) zum Köcheln bringen. Die Hände einölen oder befeuchten. 1 Esslöffel Matzeteig in den Handflächen zu einer Kugel formen. Auf eine Platte legen und den verbliebenen Teig ebenso verarbeiten.

Salz ins köchelnde Wasser geben, dann die Knödel hineingeben. Leicht abgedeckt 35–40 Minuten gar ziehen lassen. Da der Teig sehr kompakt ist, ist die Garzeit recht lang. Die Knödel gehen beim Garen leicht auf. Matzeknödel werden gewöhnlich in Wasser und nicht in Brühe gekocht, da sie viel Flüssigkeit aufsaugen. Zum Servieren in köchelnder Hühnersuppe erhitzen und mit gehacktem Dill garnieren.

Leberknödel

Ergibt 16 Stück
Vorbereitung: 20 Minuten
Garzeit: 20 Minuten

In Österreich und Bayern isst man Suppen sehr gerne mit Knödeleinlage. Die Vielfalt der Knödelgerichte ist enorm. Zu meinen Favoriten gehören Leberknödel, da sie so leicht und luftig sind. Sie schmecken in einer selbst gemachten Hühnerbrühe einfach unwiderstehlich.

Zutaten

60 g Brötchen, in kleine Stücke geschnitten
100 ml Milch
300 g Hühnerleber
60 g weiche Butter
100 g Schalotten, fein gehackt
2 große Eigelb
45 g trockene Semmelbrösel
1 EL grob gehackte frische Petersilie
1 EL grob gehackter frischer Schnittlauch
Salz und frisch gemahlener schwarzer Pfeffer

Zubereitung

Die Brötchenstücke in einer kleinen Schüssel mit Milch übergießen und beiseitestellen.

Die Hühnerleber sollte eine helle Farbe aufweisen, rundlich, fest und glänzend sein. Mit einem scharfen Messer Sehnen und Blutreste entfernen. In kleine Stücke schneiden.

2 Esslöffel Butter in einer kleinen Pfanne zerlassen und die Schalotten darin 2–3 Minuten weich dünsten, bis sie leicht anbräunen. Anschließend in eine Schüssel geben.

Die Brötchenstücke ausdrücken und mit Leber, Eigelb, Semmelbröseln, Petersilie, Schnittlauch, abgekühlten Schalotten und der verbliebenen Butter in einen Mixer geben. Mit der Pulsfunktion kurz vermengen. Alles sollte zerkleinert sein, aber dennoch Struktur besitzen. In eine Schüssel füllen und gut mit Salz und frisch gemahlenem schwarzem Pfeffer würzen. Alternativ die Hühnerleber fein hacken und alle Zutaten mit den Händen in einer Schüssel verkneten.

30 Minuten in den Kühlschrank stellen. Dann in einem kleinen Topf Wasser zum Köcheln bringen. Den Knödelteig mithilfe von zwei Löffeln zu eiförmigen Knödeln von der Größe eines Esslöffels formen und ins köchelnde Wasser geben. 7–8 Minuten köcheln, dann mit einem Schaumlöffel herausheben. Einige Sekunden abtropfen lassen und in den Suppentopf oder die Suppenteller geben. In zwei Partien kochen.

Kartoffelklöße

Ergibt etwa 24 Stück
Vorbereitung: 5 Minuten + 1 Stunde Kühlzeit
Garzeit: 1 Stunde und 4–5 Minuten

Zutaten
500 g Backkartoffeln
60 g Butter
1 Ei
1 Eigelb
50 g Mehl
50 g Speisestärke
1/4 TL frisch geriebene Muskatnuss
Salz und Pfeffer

Diese Kartoffelklöße schmecken herrlich zur Gulaschsuppe von Seite 96. Ich verwende hier gebackene Kartoffeln, da durch das Backen der Kartoffelgeschmack intensiviert wird. Zudem ist der Teig dadurch nicht so feucht, es ist weniger Mehl erforderlich und die Klöße werden somit leichter.

Zubereitung
Den Backofen auf 200 °C vorheizen. Die Kartoffeln waschen, ungeschält auf ein Backblech geben und 1 Stunde im vorgeheizten Ofen backen.

Die Kartoffeln noch warm schälen und zusammen mit der Butter zerstampfen. Ei und Eigelb, Mehl, Stärke, Muskat sowie Salz und Pfeffer unterrühren. Alles rasch zu einem Teig vermengen und im Kühlschrank 1 Stunde kalt stellen. Zu kleinen Klößen formen und diese 4–5 Minuten in köchelndem Salzwasser gar ziehen lassen.

„Kartoffelklöße sollten möglichst sofort verzehrt werden. Sie verlieren sonst etwas von ihrem luftigen Biss."

Schnittlauch-Flädle

Ergibt etwa 8 Pfannkuchen
Vorbereitung: 10 Minuten + 20 Minuten Ruhezeit für den Teig
Garzeit: 20 Minuten

In Schwaben nennt man aufgerollte und in Scheiben geschnittene Pfannkuchen, die man in die Suppe gibt, Flädle, in Österreich Frittaten. Braten Sie sie möglichst erst kurz vor dem Servieren, so schmecken sie am besten. Der Teig lässt sich allerdings schon am Tag zuvor zubereiten. Man kann die Flädle auch aufgerollt als Beilage servieren.

Zutaten

50 g Butter
125 g Mehl
1/4 TL Salz
1/4 TL frisch geriebene Muskatnuss
frisch gemahlener schwarzer Pfeffer
1 großes Ei
1 großes Eigelb
250 ml Milch
1 EL gehackter, frischer Schnittlauch

25 g Butter, zerlassen, zum Braten
heiße Brühe oder Suppe, zum Servieren

Zubereitung

Zunächst die Nussbutter („beurre noisette") zubereiten. Hierzu die Butter in einem kleinen Topf bei sehr geringer Hitze zerlassen. Etwa 10 Minuten erwärmen, bis die Butter goldgelb wird (in einem Edelstahl- oder weißen Emailletopf ist die Farbe besser zu erkennen). Nicht anbrennen lassen. Die Butter sofort in eine Schüssel gießen.

Mehl, Salz, Muskat und Pfeffer mischen. Ei und Eigelb unterrühren und nach und nach die Milch einarbeiten. Schnittlauch und Nussbutter hinzufügen und noch einmal durchrühren. Nicht zu lange rühren, einige Klümpchen sind in Ordnung. Die Schüssel mit Frischhaltefolie abdecken und den Teig 20 Minuten ruhen lassen.

Eine beschichtete Pfanne mit 25 cm Durchmesser vorheizen. Mit Butter bestreichen und etwa 80 ml Teig in die Pfanne gießen. Die Pfanne kurz schwenken, um den Teig zu verteilen. 1 Minute backen. Den Pfannkuchen mit einem Pfannenwender umdrehen und auf der anderen Seite ebenfalls 1 Minute backen. Auf einen Teller geben, aufrollen und abdecken und die restlichen Pfannkuchen ebenso zubereiten.

Die Rollen in feine Streifen schneiden und in jeden Suppenteller einige Röllchen geben. Mit heißer Suppe oder Brühe auffüllen und servieren.

Croûtons

Ergibt 4–6 Portionen
Vorbereitung: 5 Minuten
Garzeit: 5 Minuten

Zutaten
150 g leicht trockenes Brot
50 g Butter, in kleine Stücke geschnitten
2 EL Olivenöl
Meersalz und frisch gemahlener schwarzer Pfeffer

Tipp
Während die Butter noch schäumt, zerdrückten Knoblauch oder Gewürze in die Pfanne geben, 30 Sekunden rösten, dann die Brotstücke hinzufügen.

Ebenso schwierig wie das perfekt gekochte Ei ist auch die Zubereitung von perfekten Croûtons. Sie sollten leicht und knusprig, aber nicht fettgetränkt sein. Ausschlaggebend für die Qualität ist eine hochwertige Pfanne. Während sich die Hitze in einer schweren, dickwandigen Pfanne gleichmäßig verteilt, werden dünnere Pfannen zu schnell heiß oder kühlen zu schnell ab. Der zweite wichtige Punkt ist die Temperatur des Fetts. Ist sie zu hoch, brennt das Brot an. Ist sie aber zu niedrig, saugt das Brot zu viel Fett auf und die Croûtons werden zu fettig. Für Croûtons eignet sich jede Art von Brot, es sollte allerdings möglichst einige Tage alt sein. Damit die Stücke gleichmäßig bräunen, müssen sie gleich groß sein.

Zubereitung
Das Brot in gleich große Stücke schneiden.

Butter und Öl in einer schweren Pfanne erhitzen. Sobald die Butter nicht mehr schäumt, die Brotstücke hineingeben. Unter Rühren rundum anbräunen. Dies dauert etwa 2–3 Minuten. Auf einen vorgewärmten Teller geben und leicht mit Salz und frisch gemahlenem Pfeffer würzen. Noch warm verzehren.

Geröstete Knoblauch-Semmelbrösel

Ergibt 4–6 Portionen
Vorbereitung: 10 Minuten
Garzeit: 20–25 Minuten

Zutaten
150 g leicht trockenes Brot
3 EL Entenschmalz oder Olivenöl
2 große Knoblauchzehen
Salz und Pfeffer

Diese Alternative zu Croûtons schmeckt ausgezeichnet in stückigen Suppen.

Zubereitung
Den Backofen auf 180 °C vorheizen. Für die Zubereitung von Semmelbröseln die Rinde vom Brot entfernen und das Brot in Stücke schneiden. In die Küchenmaschine geben und zu Bröseln verarbeiten. Die Brösel auf einem Backblech verteilen und im vorgeheizten Ofen 15–20 Minuten rösten, sie dürfen allerdings nicht anbräunen. Sie benötigen insgesamt 100 g getrocknete Semmelbrösel.

Entenschmalz in einer großen Pfanne auf mittlerer Stufe erhitzen. Den Knoblauch darin 30 Sekunden rösten, bis er brutzelt, aber noch nicht anbräunt. Die Semmelbrösel hinzufügen und 2–3 Minuten knusprig goldbraun rösten.

Würzpasten & Aioli

Für einige meiner schnellen Suppen verwende ich zwar fertig gekaufte Pasten, besser sind aber die folgenden selbst gemachten Varianten.

Rote Currypaste

Ergibt 10 Esslöffel Paste
Vorbereitung: 20 Minuten

Zwar sind fertig angerührte Currypasten von speziellen Thai-Shops besser als die aus dem Supermarkt, ich bevorzuge aber dennoch die selbst gemachte Variante. Zudem ist sie sehr leicht herzustellen: Einfach alle Zutaten in die Küchenmaschine geben und aufs Knöpfchen drücken. Dünsten Sie die Currypaste möglichst vor der Verwendung an, denn nur so entfaltet sich das Aroma der einzelnen Bestandteile optimal.

Zutaten

10 getrocknete lange Chilis
10 frische grüne oder schwarze Pfefferkörner
1/2 TL grobes Meersalz
1 EL frisch geriebene Galgantwurzel
2 EL fein gehacktes Zitronengras
100 g Schalotten, gehackt
1 Knoblauchknolle, Zehen zerdrückt
2 TL Garnelenpaste
abgeriebene Schale von 1 Bio-Limette
1 EL gemahlener Koriander
2 TL gemahlene Kreuzkümmelsamen

Zubereitung

Die Chilis in einer Schüssel mit sprudelnd kochendem Wasser übergießen. Ziehen lassen und derweil die restlichen Zutaten vorbereiten.

Alles bis auf Chilis, Koriander und Kreuzkümmel in einen Mixer geben. Die Chilis abspülen und ausdrücken. Ebenfalls in den Mixer füllen. Pürieren und zwischendurch grobe Stücke, die am Behälterrand haften, nach unten schieben. Das Pürieren nimmt 3–4 Minuten in Anspruch. Wenn die Paste glatt genug ist, in eine Schüssel geben. Koriander und Kreuzkümmel unterrühren.

In einen luftdicht verschließbaren Behälter füllen und ein Stück Frischhaltefolie direkt auf die Paste legen. Im Kühlschrank ist die Paste 2 Wochen haltbar. Leider lässt sie sich nicht gut einfrieren.

„Verwenden Sie diese Paste für thailändische Suppen oder rote Currygerichte."

Aioli

Ergibt 6–8 Portionen
Vorbereitung: 15 Minuten

Makes 6–8 servings
Preparation: 15 minutes

Aioli ist eine mediterrane Knoblauchmayonnaise, die ohne Senf, Essig oder Zitronensaft hergestellt wird. Nicht nur Knoblauchfans lieben diese Creme, die wunderbar zu Fischsuppen schmeckt. Am besten bereiten Sie sie in einem Mörser zu, da der Knoblauch zu einer feinen Paste zerstoßen werden muss. Ich stelle Aioli immer mit einer Mischung aus Traubenkern- und Olivenöl her, da ich die Version mit reinem Olivenöl als zu schwer empfinde. Sie benötigen ein hochwertiges Olivenöl, der Geschmack von nativem Olivenöl extra ist zu intensiv.

Zutaten

3–4 große Knoblauchzehen
3 Prisen Salz
2 große Eigelb
frisch gemahlener Pfeffer
150 ml Traubenkernöl
150 ml Olivenöl

Tipp

Wer keinen Mörser besitzt, kann die Knoblauchzehen auch zunächst mit einer Knoblauchpresse zerdrücken und dann mit einem Löffelrücken zu einer feinen Paste verreiben.

Zubereitung

Es ist sehr wichtig, dass alle Zutaten Zimmertemperatur haben. Die Knoblauchzehen schälen und halbieren. Eventuelle grüne Keimlinge der Zehen entfernen, denn sie schmecken bitter und sind schwer verdaulich.

Den Knoblauch mit 1 Prise Salz in einem Mörser zu einer Paste zerstoßen. Dies nimmt bis zu 5 Minuten in Anspruch. Eigelb, 2 weitere Prisen Salz und Pfeffer gründlich unterrühren. 3–4 Minuten ruhen lassen, damit Salz und Knoblauch ins Ei einziehen und dieses leicht „garen“. Dadurch wird die Aioli stabiler und gerinnt nicht so leicht.

Nun langsam das Öl eingießen. Mit dem Traubenkernöl beginnen und dieses zunächst nur teelöffelweise hinzufügen. Nach jeder Zugabe kräftig rühren. Durch das Öl dickt die Masse langsam an. Immer kräftig rühren, bevor mehr Öl hineingegeben wird. Schließlich das Olivenöl auf dieselbe Weise einarbeiten. Sie benötigen vielleicht nicht die gesamte Ölmenge. Probieren Sie die Aioli daher zwischendurch.

Für eine Safran-Aioli

Zu Eigelb und Knoblauch noch 1 große Prise Safran, 1 Prise Kurkumapulver und 1 Prise Chili geben und wie oben beschrieben zubereiten, jedoch nur 300 ml Traubenkernöl verwenden.

Harissa

Ergibt 8 Esslöffel Paste
Vorbereitung: 25 Minuten + 1 Stunde Kühlzeit

Harissa ist eine nordafrikanische Chili-Knoblauch-Paste. Zwischen Marokko und Tunesien variiert das Rezept leicht. Einige meiner Freunde können ohne ein wenig Harissa auf ihrem Teller einfach nichts essen. Sie behaupten, es würde den Geschmack jedes Gerichts veredeln. In Wahrheit ist es aber so: Harissa macht süchtig. Das gilt besonders für die selbst gemachte Variante, nehmen Sie sich also in Acht!

Zutaten

2 rote Spitzpaprika (ca. 100 g)
100 g frische mittelscharfe rote Chilis, z. B. Jalapeños
4 Knoblauchzehen
1 TL Chilipulver
1 TL Koriandersamen, geröstet und zerstoßen
1 TL gemahlener Kreuzkümmel
Salz
2 EL Olivenöl

Zubereitung

Den Backofengrill vorheizen. Paprika und Chilis auf ein Backblech geben und 10–15 Minuten unter häufigem Wenden unter dem vorgeheizten Backofengrill rundum anbräunen. Aus dem Ofen nehmen. Da die Chilis schneller braun werden, sollten diese eventuell früher aus dem Ofen genommen werden. Paprika und Chilis in eine Schüssel geben und mit Frischhaltefolie abdecken. Leicht abkühlen lassen.

Die Paprika häuten und entkernen. Die Chilis häuten, jedoch nicht entkernen. Die gehäuteten Paprika und Chilis mit Knoblauch, Chilipulver, Koriander und Kreuzkümmel im Mixer fein pürieren. Großzügig salzen und weiterpürieren. Das Olivenöl hinzufügen und kurz weiterpürieren. Dann in einen luftdicht verschließbaren Behälter füllen. Die Harissa ist im Kühlschrank bis zu 1 Monat haltbar.

Soup of the day
SOUP OF THE

Register

Danksagung

ISBN: 978-3-572-08072-4

First published in Great Britain in 2010 by PAVILION BOOKS, an Imprint of Anova Books Company Limited, 10 Southcombe Street, London, W 14 0RA, unter dem Titel: SOUP!

Umschlaggestaltung:
Atelier Versen, Bad Aibling
Übersetzung des englischen Originals:
Melanie Schirdewahn, Köln
Lektorat: Şebnem Yavuz, Erpel
Herstellung: Elke Cramer
Projektleitung: Anja Halveland

Satz und Realisation: trans texas publishing, Köln
Druck: Mohn media Mohndruck GmbH, Gütersloh

Printed in Germany

MIX
Papier aus verantwortungsvollen Quellen
FSC® C011124
FSC www.fsc.org

Verlagsgruppe Random House FSC® N001967

Das für dieses Buch verwendete FSC®-zertifizierte Papier *Profimatt* wurde produziert von Sappi Ehingen.

1. Auflage

Mein erstes riesiges Dankeschön geht an Wei und Yuki, die für dieses Buch einen unglaublichen Einsatz geleistet haben. Sie haben gearbeitet wie die Tiere, damit alles möglichst reibungslos verlief. Durch sie hat dieses Buch ein Gesicht und eine Seele bekommen.

Danke an Adrian, der uns in seinem Haus willkommen geheißen hat, dessen Mercedes wir fotografieren durften und der für uns gemodelt hat.

Danke Emily, die uns vertraut hat und die uns ermöglichte, unseren eigenen Stil zu finden. Danke auch fürs Modeln am kühlen Strand.

Danke an Sophie und Lucy, die standhaft ein weiteres meiner irren Kochprojekte ertrugen und früh aufstanden, um Venusmuscheln zu suchen. Vielen Dank auch an ihre Mutter Debbie für ihre Unterstützung und dafür dass sie fast den ganzen Tag so viel Freude am Modeln hatte. Danke auch an ihren Großvater Peter, den Fischer, der beim Shooting seine Suppe gut gelaunt ganze 47 Mal aß. Danke auch an seine Frau Pam, die ihn uns ausgeliehen hat

Danke an Karl, der uns seine Strandhütte überließ. Die Urlaubsstimmung dort wirkte auf uns sehr entspannend.

Danke an Rumina und Simon, die uns in ihr Haus ließen und uns ihre Schätze zeigten. Das Chaos, das wir verbreiteten, ertrugen sie mit einem tapferen Lächeln.

Danke an Caroline, die uns in ihre Wohnung freien Eintritt gewährte. Leider konnte sie nicht selbst dabei sein, doch geistig war sie anwesend, vor allem durch ihren wunderbaren Krimskrams. Danke an Dan, der uns verköstigte und uns so heldenhaft sein Knie fotografieren ließ.

Danke an Lars, dessen Studio wir nutzen durften – mitsamt den beeindruckenden Möbeln, die er so meisterhaft selbst herstellt. Toll, dass er geduldig für uns modelte, obwohl er noch tausend andere Dinge zu erledigen hatte.

Danke an Barbara, die uns die Tür zu ihrem Haus und ihrem Maleratelier öffnete. Wir fühlten uns bei ihr wie zu Hause und werden diesen Tag immer in guter Erinnerung behalten. Ich wünschte, wir hätten für den Malkurs mehr Zeit gehabt.

Danke an Carine, Matthias und Carlo, dass sie „Familienessen" gespielt haben und dabei so viel Spaß hatten. Ein besonderer Dank geht an den zweijährigen Carlo, den Star des Abends, der alle Frauenherzen im Sturm eroberte.

Danke an Mamie Céline, die mir ihr geheimes Matzeknödelrezept verriet. Sie nahm sich die Zeit, es handschriftlich zu notieren und wundervoll zu beschreiben.

Danke an Barry für die fünf Liter sagenhaft gutes Olivenöl von einem Familienbetrieb auf Kreta. Es hat beim Testen der Rezepte eine große Rolle gespielt.

Danke an Pierre, der uns leider zur falschen Zeit in London besuchte und tagelang nur abwaschen und Suppe probieren musste.

Danke an Aya, Raquel, Linda, Rawdon und Lars, die Yuki und mir assistiert haben. Sie waren eine wichtige Stütze. Danke auch an Linda fürs Modeln.

Danke an Rachel, Sue und die Bewohner von Jaqueline House fürs Probeessen der Suppen und das viele tolle Feedback.

Danke an Rawdon, der den ganzen Sommer lang so viel Suppe für mich aß und mein zwanghaftes Suppetesten langmütig ertrug, an dessen Bein beim Modeln Ameisen herumkrabbelten und der sich seinen Rücken beim Tragen der Fotoausrüstung verknackste. Ein riesiges Dankeschön für seinen mitreißenden Enthusiasmus.

Ein besonderer Dank gilt Emma, Dan und der kleinen Evie, die auf den Fotos leider nicht zu sehen ist, da sie sich ein paar Tage vor dem Fotoshooting ihr Bein ganz böse brach.

Alle, die an diesem Buch beteiligt waren, haben wirklich ihr Herzblut dafür gegeben.